Basler Bankenstudien

herausgegeben von Prof. Dr. Dr. h.c. Henner Schierenbeck

Basler Bankenvereinigung
(Herausgeberin)

Allfinanzstrategie oder Fokussierung?

Die Financial-Services-Industrie auf dem Weg in die Zukunft

Tagungsband zum 9. Basler Bankentag,
8. November 2001

Verlag Paul Haupt
Bern · Stuttgart · Wien

Die Deutsche Bibliothek – CIP-Einheitsaufnahme

Allfinanzstrategie oder Fokussierung? :
Tagungsband zum 9. Basler Bankentag, 8. November 2001 /
Basler Bankenvereinigung (Hrsg.). –
Bern ; Stuttgart ; Wien : Haupt, 2002
(Basler Bankenstudien)
ISBN 3-258-06488-1

Alle Rechte vorbehalten
Copyright © 2002 by Paul Haupt Berne
Jede Art der Vervielfältigung ohne Genehmigung des Verlages ist unzulässig
Dieses Papier ist umweltverträglich, weil chlorfrei hergestellt;
es stammt aus Schweizer Produktion mit entsprechend kurzen Transportwegen
Printed in Switzerland

www.haupt.ch

INHALTSVERZEICHNIS

AUTORENVERZEICHNIS   VI

GELEITWORT   VII

VORWORT   IX

ERSTER TEIL: ZUSAMMENFASSUNG DER EINZELBEITRÄGE   1

Der Kampf um das Privatvermögen – Banken und Versicherungen im Wettbewerb   3
von Prof. Dr. Dr. h.c. Henner Schierenbeck

Kapitalgedeckte Altersvorsorge – Wer macht das Geschäft: Banken oder Versicherungen?   45
von Peter Angehrn

Vom Schalterbeamten zum Finanzberater – Entwicklungsprogramm für beratungsorientierte Verkäufer   73
von Wolfgang Essing

Financial Planning – Neue Dienstleistungen im modernen Private Banking   87
von Aleidus G. Bosman

Strategien eines global agierenden, innovativen Finanzdienstleisters   121
von Dr. Lukas D. Weber

ZWEITER TEIL: ZUSAMMENFASSUNG DER PANELDISKUSSION   147

Paneldiskussion   149

AUTORENVERZEICHNIS

Prof. Dr. Dr. h.c. Henner Schierenbeck
Ordinarius für Bankmanagement und Controlling, Wirtschaftswissenschaftliches Zentrum (WWZ), Universität Basel

Peter Angehrn
Mitglied Executive Board, Wintherthur Life & Pension

Wolfgang Essing
Geschäftsführender Partner, zeb/Sales.Consult

Aleidus G. Bosman
Leiter Financial Planning, UBS AG

Dr. Lukas D. Weber
Mitglied der Geschäftsleitung, Zürich Schweiz

GELEITWORT

Seit 1993 führt die Basler Bankenvereinigung in enger Zusammenarbeit mit dem Wirtschaftswissenschaftlichen Zentrum der Universität Basel den «Basler Bankentag» durch. Diese jährlich stattfindenden Fachsymposien möchten mittels der Behandlung aktueller Themen aus dem Bereich der Finanzdienstleistungen wichtige Brücken zwischen Theorie und Praxis schlagen. Dass sich der «Basler Bankentag» im Verlauf der vergangenen Jahre zu einem veritablen Fixpunkt in den Agenden zahlreicher Exponenten – sei es aus der Privatwirtschaft, der Politik oder aus dem universitären Umfeld – entwickelt hat, machen die Teilnehmerzahlen deutlich: Im vergangenen Jahr konnten wir erneut über 300 Interessierte, vornehmlich aus der Schweiz und dem benachbarten Ausland, in der Messe Basel begrüssen.

Mit «Allfinanzstrategie oder Fokussierung?» stand ein Thema im Mittelpunkt des neunten «Basler Bankentags», dessen Brisanz gerade in der Schweiz, wo diese Frage bekanntlich von den beiden Grossbanken CS und UBS unterschiedlich beantwortet wird, allgegenwärtig ist. Kann es angesichts des überall zu verzeichnenden Siegeszuges der offenen Produktearchitektur und der von namhaften Unternehmen forcierten Outsourcing-Anstrengungen rentabel sein, auf die Karte «Vertikale Integration» zu setzen, also Bank- und Versicherungsprodukte unter einem Dach herzustellen? Oder ist die konzerninterne Produktion beider Paletten nicht doch die Conditio sine qua non für die Realisierung von Synergien und die Garantie einer sauberen Produkteabstimmung? Um es etwas pointierter, aber nicht weniger zutreffend zu formulieren: «Muss ich ein Schaf besitzen, um in den Sockenverkauf einzusteigen?»

Dank der ausgewiesenen Kompetenz der Referenten, welche das Tagungsthema umfassend, das heisst aus verschiedenen Perspektiven, behandelten, kann der neunte «Basler Bankentag» als grosser Erfolg betrachtet werden. Einmal mehr möchte ich an dieser Stelle Herrn PROF. DR. DR. H.C. HENNER SCHIERENBECK von der Wirtschaftswissenschaftlichen Fakultät der Universität Basel sowie der Arbeitsgruppe der Basler Bankenvereinigung, welche für diesen Erfolg massgeblich verantwortlich zeichnen, meinen Dank und meine Anerkennung für die ausgezeichnete Arbeit aussprechen. Mit ihnen freue ich mich bereits heute auf den zehnten Geburtstag, den der «Basler Bankentag» im November 2002 feiern kann.

Basel, Februar 2002 DR. HANSPETER WEISHAUPT

Präsident der Basler Bankenvereinigung

VORWORT

Altersvorsorgeprodukte werden an Bedeutung gewinnen. Bis zum Jahr 2010 werden sich die entsprechenden Assets under Management in Europa mit 5,3 Billionen Euro gegenüber heute mehr als verdoppeln. Um diese Marktpotentiale ausschöpfen zu können, bedarf es einer umfassenden Allfinanzstrategie.

Allfinanz lässt sich aus institutioneller Sicht, aus der Vertriebs- und aus der Kundenperspektive her abgrenzen. Da sich Finanzbedürfnisse nicht nach einer vorgegebenen Arbeitsteilung in der Finanzindustrie abgrenzen lassen, gibt es aus der Kundenperspektive nichts Natürlicheres als Allfinanz. Finanzdienstleister, die in der Lage sind lebenszyklusgerecht entsprechende Beratung zu leisten, haben natürlich einen entsprechenden Vorteil gegenüber jemandem, der nur ein isolierter Produktverkäufer ist.

Was sind die Haupthindernisse auf dem Weg zur Allfinanz? Wer sind die Gewinner in diesem Spiel – Banken oder Versicherungen? Übernehmen selbständige Finanzdienstleister die Allfinanzfunktion? Werden Banken und Versicherungen zu Produkthäusern degradiert?

Diesen und weiteren aktuellen Fragen im Zusammenhang zum Thema Allfinanz widmete sich der 9. Basler Bankentag, der von der Basler Bankenvereinigung in Zusammenarbeit mit dem Ordinariat für Bankmanagement und Controlling am Wirtschaftswissenschaftlichen Zentrum der Universität Basel am 8. November 2001 mit grosser Resonanz durchgeführt wurde. Seine inhaltliche Zusammenfassung liegt nun in der Form des Tagungsbandes vor.

Im ersten Teil sind die Vorträge der einzelnen Referenten zusammengefasst worden, wobei die inhaltlichen Ausführungen mit zahlreichen Abbildungen illustriert werden. Daran anschliessend erfolgt im zweiten Teil eine Darstellung der Beiträge der Paneldiskussion, welche die Vorträge des Tages abrunden und ergänzen.

In Zusammenarbeit mit der Basler Bankenvereinigung haben bei der Vorbereitung und Durchführung des 9. Basler Bankentags sowie der Erstellung dieser Publikation zahlreiche Personen mitgewirkt. Dabei standen mir insbesondere Frau GABRIELLE FREI als Mitarbeiterin der Bankenvereinigung, meine Mitarbeiter Frau ASS.-PROF. DR. CLAUDIA B. WÖHLE und Herr LIC. RER. POL. MARC D. GRÜTER sowie meine Hilfskräfte Frau STUD. RER. POL. FLORENCE LANDMANN und Herr STUD. RER. POL. JULIUS GAUGLER tatkräftig zur Seite. Ihnen allen gebührt mein herzlicher Dank.

Basel, April 2002   HENNER SCHIERENBECK

Erster Teil

Zusammenfassung der Einzelbeiträge

Der Kampf um das Privatvermögen – Banken und Versicherungen im Wettbewerb

Prof. Dr. Dr. h.c. Henner Schierenbeck
Ordinarius für Bankmanagement und Controlling
Wirtschaftswissenschaftliches Zentrum der Universität Basel

Gliederung

Seite

A. Strukturen und Entwicklungen im Vermögensanlage-, Vorsorge- und Versicherungsgeschäft 5

    I. Abgrenzung der 3V-Produkte 5

    II. Trends in der gesamten wirtschaftlichen Geldvermögensbildung 6

    III. Der Zukunftsmarkt: Kapitalgedeckte Altersvorsorgeprodukte 16

B. Der Kampf um die Kundenfranchise im 3V-Geschäft 23

    I. Allfinanz als Schlüsselstrategie 23

        a) Was ist Allfinanz? 23

        b) Zur Bedeutung des Vertriebswegs Bank für die Versicherungsunternehmen und umgekehrt 25

        c) Zur Bedeutung der unabhängigen Finanzvertriebe für die Banken und Versicherungen 26

    II. Basisstrategien und Integrationsstufen der Bank Assurance 28

    III. Die Erfolgsfaktoren im Allfinanzgeschäft 39

C. Banken oder Versicherungen: Wer wird gewinnen? 42

Abbildungsverzeichnis 43

Literaturhinweise 44

A. Strukturen und Entwicklungen im Vermögensanlage-, Vorsorge- und Versicherungsgeschäft

I. Abgrenzung der 3V-Produkte

Der Kampf um das Privatvermögen und die Ersparnisse der privaten Haushalte vollzieht sich im Wesentlichen über drei Produktgruppen (vgl. Abbildung 1):

- Vermögensanlagen
- Versicherungsprodukte,
- (Alters-)Vorsorgeprodukte.

Während für die Vermögensanlagen und die Versicherungen die entsprechenden Produkte leicht abgegrenzt werden können, ist das für Vorsorgeprodukte (insbesondere im Bereich der individuellen Altersvorsorge) schwieriger: Die Art der Ersparnisbildung sagt im Normalfall nichts darüber aus, mit welchem Ziel der Einzelne spart.

Dadurch gibt es wesentliche Überlappungen zu den erstgenannten Produktgruppen. Klar zugeordnet werden können lediglich die Formen der betrieblichen Vorsorge (2. Säule) sowie im Rahmen der 3. Säule die Altersvorsorge-Sondervermögen (AS-)Fonds (BVG-Fonds), spezielle Vorsorgekonti sowie kapitalbildende Lebensversicherungen, deren Auszahlungen in Form einer Rente erfolgen.

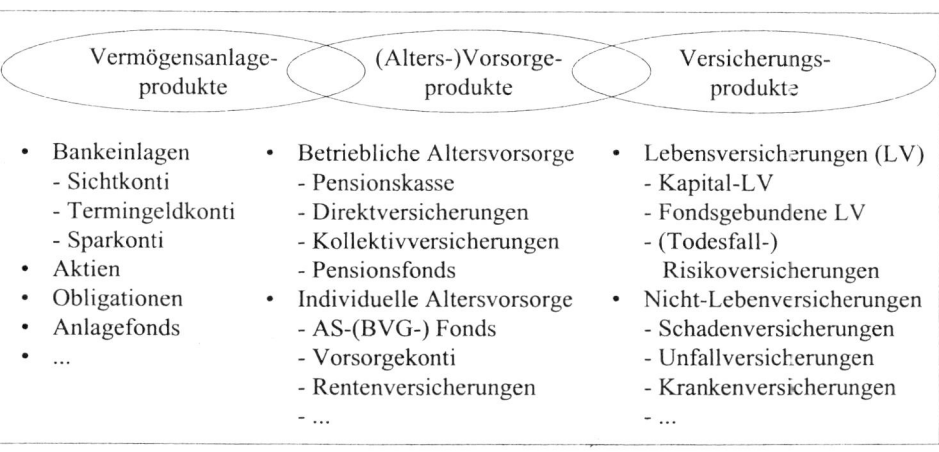

Abbildung 1: Produktgruppen im Rahmen der privaten Vermögensverwaltung

Vermögensanlageprodukte umfassen im wesentlichen Bankeinlagen (Sicht-, Termingeld- und Sparkonti), Aktien, Obligationen und Anlagefonds. Die **(Alters-)Vorsorgeprodukte** beinhalten Produkte der betrieblichen Altersvorsorge (Pensionskasse, Direktversicherungen, Kollektivversicherungen und Pensionsfonds) sowie Produkte der individuellen Altersvorsorge wie AS-(BVG-)Fonds, Versorgerkonti und Rentenversicherungen. Der Bereich der **Versicherungsprodukte** umfasst die Produkte der Lebensversicherungen (LV) (Kapital-LV, Fondsgebundene LV und (Todesfall-)Risikoversicherungen) sowie Nicht-Lebensversicherungen (Schadenversicherungen, Unfallversicherungen und Krankenversicherungen).

II. Trends in der gesamten wirtschaftlichen Geldvermögensbildung

Der Wettbewerb um die private Ersparnis schlägt sich naturgemäss in den Strukturanteilen der volkswirtschaftlichen Geldvermögensbildung nieder.

In einer längerfristigen Perspektive zeigt sich für die Vergangenheit deutlich ein Trend hin zu Anlagen bei Versicherungen und in Wertschriften (Direktanlagen oder Anlagefonds); Bankeinlagen (insbesondere Spareinlagen) sind dabei die grossen Verlierer (vgl. Abbildung 2)!

Geldanlage	1950/59[1]	1960/69[2]	1970/79[2]	1980/89[2]	1991/2000[3]
bei Banken[4]	67,0 %	65,1 %	61,3 %	39,9 %	26,4 %
davon: Spareinlagen[5]	50,5 %	53,5 %	40,9 %	17,0 %	15,4 %
bei Versicherungen[6]	14,4 %	15,9 %	16,9 %	27,6 %	35,9 %
in Wertschriften	6,7 %	13,7 %	14,6 %	23,2 %	31,6 %
davon: Anlagefonds	-	-	-	-	20,1 %
sonstige Anlagen[7]	11,9 %	5,3 %	7,2 %	9,3 %	6,1 %
insgesamt	100,0 %	100,0 %	100,0 %	100,0 %	100,0 %

Abbildung 2: Struktur der Geldvermögensbildung privater Haushalte (einschliesslich private Organisationen ohne Erwerbszweck)
Quelle: DEUTSCHE BUNDESBANK (2001).
Kommentar: 1) Westdeutschland ohne Saarland und Berlin/West, 2) Westdeutschland, 3) Gesamtdeutschland, 4) im In- und Ausland, 5) Bauspareinlagen werden bis 1998 den Spareinlagen und, in Übereinstimmung mit der Bankenstatistik, ab 1999 den Termingeldern zugerechnet, 6) einschl. Pensionskassen und berufsständische Versorgungswerke, ab 1991 auch einschliesslich Zusatzversorgungseinrichtungen, 7) einschl. Pensionsrückstellungen

In diesem langfristigen Vergleich ist zu erkennen, dass ein gewichtiger Teil der privaten Vermögensbildung von den Banken auf die Versicherungen umgelagert wurde. Die Banken schafften es dabei über die ganzen 50 Jahre hinweg nicht, diesen Prozess aufzuhalten. Was folglich die Gewinnung von Assets under Management aus diesem Bereich anbelangt, gehörten die Versicherungen im zweiten Teil des vergangenen Jahrhunderts zu den grossen Gewinnern.

Auffallend ist dabei der rapide Zerfall der Bedeutung der Bank-Spareinlage seit den 50-er Jahren und parallel dazu die wachsende Bedeutung der Geldanlagen bei Versicherungen. Stark auf dem Vormarsch sind auch seit Mitte des Jahrhunderts die Anlagen in Wertschriften, welche in den 90-er Jahren rund 31,6 % ausmachen. Von den Wertschriftenanlagen eroberten sich in den vergangenen zehn Jahren die Anlagefonds einen erheblichen Anteil. Rund zwei Drittel der Wertschriftenbestände werden in Form von Anlagefonds gehalten. Sonstige Anlagen, welche auch Pensionsrückstellungen beinhalten, sind leicht auf dem Rückzug. Sie machten im Jahr 2000 noch rund 6,1 % aus.

Ergänzend ist betreffend Wertschriften anzumerken, dass mit 20 % des finanziellen Gesamtvermögens in Aktien und Aktienfonds beispielsweise von 1996 bis 2000 ein Wertzuwachs erzielt wurde, der 50 % der gesamtwirtschaftlichen Ersparnis entsprach.

Die erheblichen Strukturveränderungen in der Geldvermögensbildung werden sich auch zukünftig fortsetzen und schlagen sich entsprechend in der Struktur der Geldvermögensbestände nieder.

Prognostiziert wird, dass die Anlagen bei Versicherungen bis zum Jahre 2010 einen Anteil von 28,5 % an den Geldvermögensbeständen erreichen werden (2000: 23,8 %); Aktien einen solchen von 16 % (2000: 11 %); Anlagefonds (Investmentzertifikate) mit einer Steigerung um 8,5 %-Punkte den höchsten Marktanteilszuwachs verbuchen können und bis 2010 ihren Anteil auf 20 % des gesamten Geldvermögens der Haushalte steigern werden. Es ist absehbar, dass Bankeinlagen ihren relativen Bedeutungsrückgang fortsetzen und nur noch einen Anteil von 22 % (2000: 27,5 %) des Geldvermögens erreichen werden.

Derart erhebliche Verschiebungen in den Geldvermögensbeständen treten ein, wenn sich entweder das Anlageverhalten der Haushalte über mehrere Jahre hinweg massiv verändert und/oder bestimmte Vermögensbestandteile hohe Wertzuwächse erzielen. Beides war in den letzten zehn Jahren der Fall.

Dabei werden sich voraussichtlich die Geldvermögen der privaten Haushalte in Deutschland wie folgt entwickeln:

	2000		2005		2010	
	Mrd. EUR	in %	Mrd. EUR	in %	Mrd. EUR	in %
Geldvermögen	3.644	100	4.810	100	6.410	100
Anlage bei Versicherungen[1)]	867	23,8	1.280	26,5	1.830	28,5
Anlagefonds	417	11,4	770	16,0	1.280	20.0
Aktien	417	11,4	660	14,0	1.030	16,0
Bankeinlagen[2)]	1.235	33,9	1.320	27,5	1.410	22,0
Sonstige[3)]	708	19,5	780	16,0	860	13,5

Abbildung 3: Geldvermögen der privaten Haushalte in Deutschland
Quelle: DEUTSCHE BUNDESBANK (2001); DRESDNER BANK (2001), S. 31.
Kommentar: 1) einschliesslich Pensions- und Sterbekassen sowie berufsstänische Versorgunswerke und Zusatzversorgungseinrichtungen, 2) einschliesslich Bausparkassen, 3) U.a. festverzinsliche Wertpapiere

Somit sind die Wachstumsmärkte im privaten Geldvermögen klar definiert: Wie Abbildung 3 zu entnehmen ist, werden Anlagen bei Versicherungen (einschliesslich Pensions- und Sterbekassen sowie berufsständischen Vorsorgewerken, Zusatzversorgungseinrichtungen und den sonstigen Forderungen) in den kommenden Jahren bis 2010 einen voraussichtlich annualisierten Zuwachs von rund 8 % erfahren (von 867 auf 1.830 Mrd. EUR). Aktien vermögen auf der Basis von 417 Mrd. Euro im Jahr 2000 auf geschätzte 1.030 Mrd. Euro im Jahr 2010 zuzulegen – was einem annualisierten Zuwachs von rund 9,5 % entspricht. Der stärkste Zuwachs ist jedoch im Bereich der Anlagefonds zu sehen, bei denen von einem annualisierten Wachstum von 12 % (von 417 auf 1.280 Mrd. Euro) auszugehen ist.

Auch beim Anteil der Wachstumsmärkte am Geldvermögen ist in Deutschland ein Trend deutlich erkennbar. Abbildung 4 ist zu entnehmen, dass der Anteil der Geldvermögen in der Form von Anlagen bei Versicherungen, Anlagefonds und Aktien einen deutlichen Zuwachs erfahren wird. Im Jahr 2010 werden diese rund zwei Drittel der gesamten Geldvermögen ausmachen, was einem erheblichen Zuwachs entspricht, wenn man berücksichtigt, dass dieser Anteil zu Beginn der 90-er Jahre noch bei rund einem Drittel lag.

Aktien gewinnen im Portefeuille der Haushalte mit 16 % ebenfalls an Bedeutung. Dieser Wert lag im Jahr 2000 noch bei 11 %.

Den höchsten Marktanteilsgewinn dürften mit einer Steigerung um 8,5 % die **Investmentfonds** verbuchen; diese werden 2010 voraussichtlich rund 20 % aller Geldvermögen verwalten.

Die **Anlagen bei Versicherungen** werden 2010 aller Voraussicht nach 28,5 % Anteil am Geldvermögen haben (1991: 19,8 %).

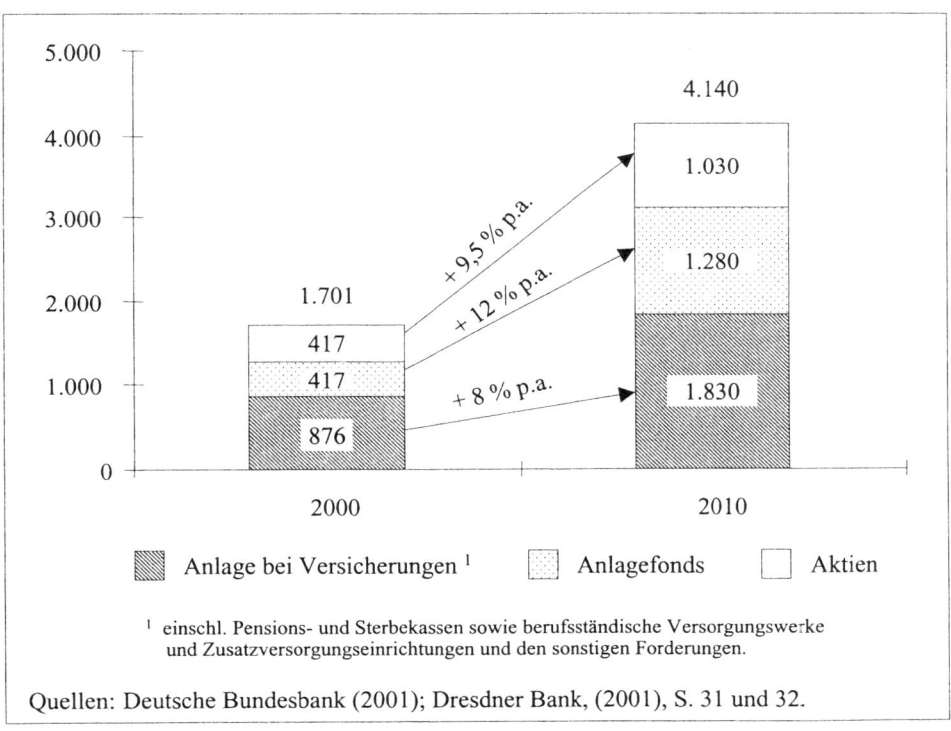

Abbildung 4: Wachstumsmärkte im privaten Geldvermögen in Deutschland

Alles in allem dürften deutsche Haushalte 2010 rund 46 % ihres Geldvermögens in Wertpapieren wie Rentenwerten, Aktien, sonstigen Beteiligungen und Investmentzertifikaten halten, was einer anteilsmässigen Zunahme am Geldvermögen von rund 9 % bezogen auf das Jahr 2000 entspricht.

Obwohl sich diese Daten auf Deutschland beziehen, haben sie dennoch auch für die übrigen Länder in der Tendenz nach Gültigkeit.

Im Vergleich der Sparformen besitzen Anlagen in Aktien, bei Investmentfonds und Versicherungen klar das beste Potential. Aus der beträchtlichen anteilsmässigen Zunahme dieser am gesamten Geldvermögen – von ca. 47 % auf annähernd 65 % im Jahr 2010 – lässt sich ableten, dass es sich dabei um die eigentlichen Wachstumsmärkte handelt (vgl. Abbildung 5).

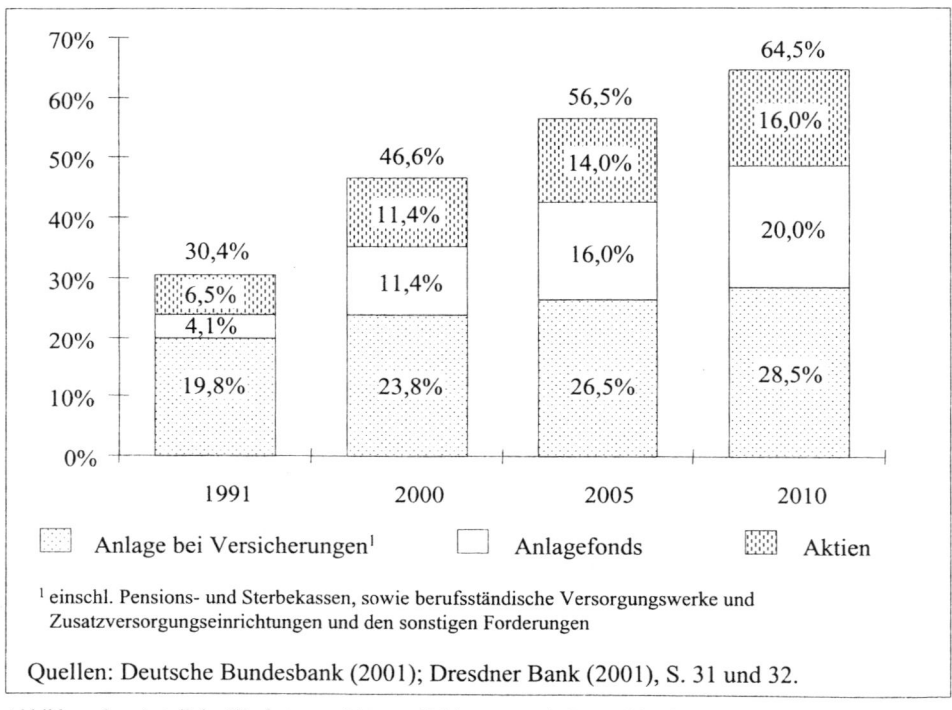

Abbildung 5: Anteil der Wachstumsmärkte am Geldvermögen in Deutschland

Ähnlich wie in Deutschland stehen auch in anderen EU-Ländern die gesetzlichen Rentenversicherungen vor Finanzierungsproblemen, so dass sich die Einleitung zahlreicher Reformen zwingend aufdrängt. Im Zentrum stehen dabei die Küzung der Rentenleistungen und der Aufbau betrieblicher Zusatzversicherungen in Form kapitalsparender Pensionsfonds. Im Zuge dieser Entwicklung ist das allgemeine Bewusstsein zu stärkerer Eigenvorsorge deutlich gestiegen. Als Konsequenz daraus flossen mehr Gelder in höher rentierliche Anlageformen und Altersvorsorgeprodukte.

Der zuvor für Deutschland aufgezeigte Trend kann durch einen Vergleich der fünf bevölkerungsreichsten EU-Länder untermauert werden. In Deutschland, Frankreich, Grossbritannien, Italien und Spanien stieg das in Aktien und Investmentfonds angelegte Geldvermögen von 2,14 Billionen € im Jahr 1995 auf 5,21 Billionen € im Jahr 2000, was einer Steigerung von annähernd 150 % entspricht. Vor diesem Hintergrund haben sich die Anteile am Geldvermögensbestand in der EU deutlich verschoben. 1995 waren mit 36 % noch die meisten Gelder in traditionellen Bankprodukten und 22 % in Aktien und Investmentfonds investiert. Heute entfallen 35 % des Geldvermögens auf Beteiligungswerte und nur noch 27 % auf Bankdepositen, die damit gleichauf mit Anlagen bei Versicherungen und Pensionsfonds liegen.

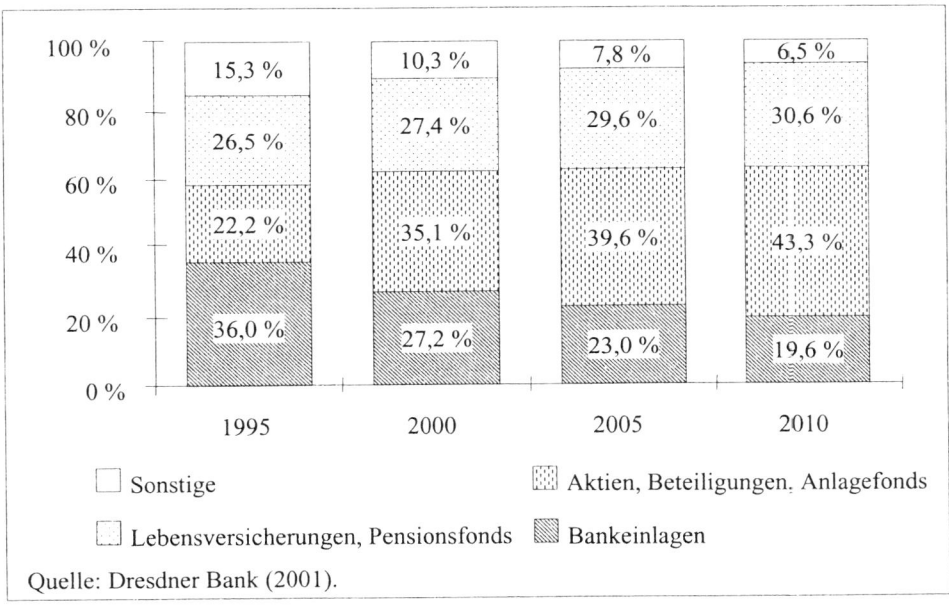

Abbildung 6: Anteil der Anlagearten am gesamten Geldvermögen in der EU unter den privaten Haushalten in den fünf bevölkerungsreichsten Ländern

In der EU ist festzustellen, dass trotz erheblichen Unterschieden in der Anlagestruktur des Geldvermögens (in Grossbritannien wies der Markt für Lebensversicherungen schon in den 90-er Jahren ein hohes Niveau von rund 50 % des gesamten Geldvermögens aus) und deutlichen Unterschieden in den erwarteten Wachstumsraten der Geldvermögensbildung (so bildet Italien das Schlusslicht mit 2 % und Frankreich weist mit 6 % den höchsten Wert auf), die für Deutschland prognostizierten Entwicklungen zumindest in der Tendenz nach ebenfalls zutreffen. Daraus ergibt sich folgendes Bild der Wachstumsmärkte am Geldvermögen (vgl. Abbildung 7):

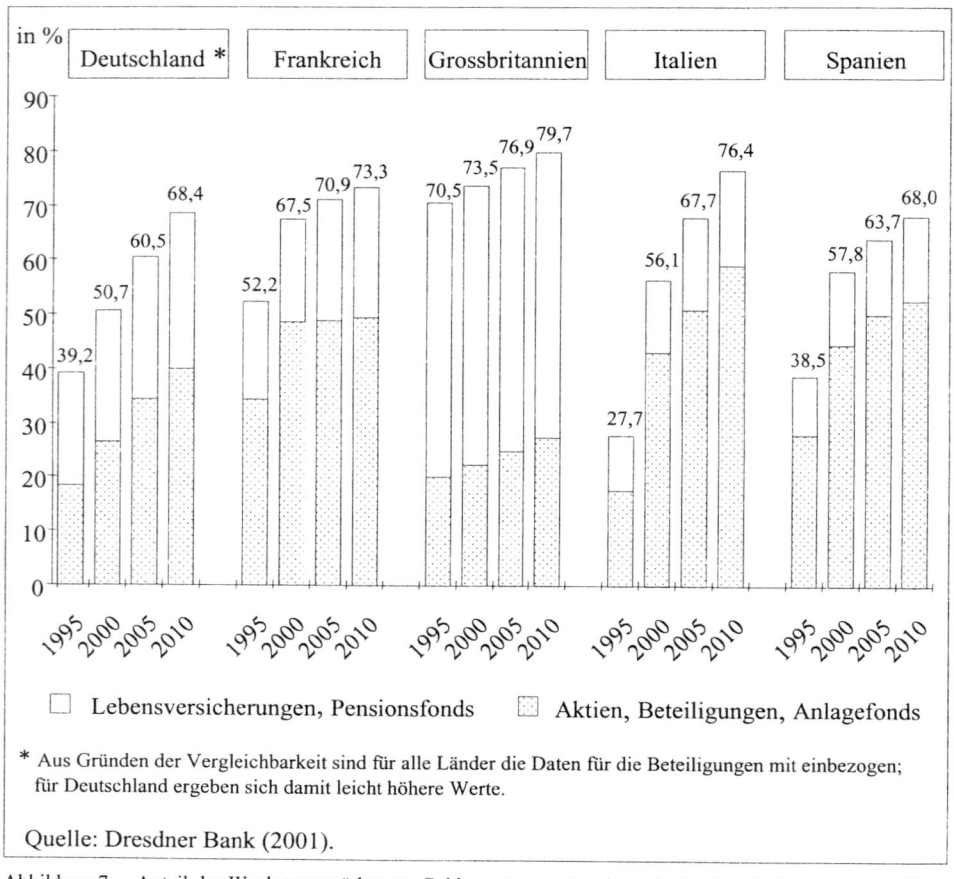

Abbildung 7: Anteil der Wachstumsmärkte am Geldvermögen unter den privaten Haushalten in den bevölkerungsreichsten EU-Ländern

Als ein erstes Fazit lässt sich ableiten, dass die Versicherungen europaweit, wenn auch mit gewissen Unterschieden, zu den grossen Gewinnern des Kampfes um die wirtschaftlichen Ersparnisse gehören.

In der Adoption sind gewisse länderspezifische Unterschiede festzustellen. In Grossbritannien machten bereits 1995 Lebensversicherungen, Pensionsfonds, Aktien, Beteiligungen und Anlagefonds einen Anteil von 70,5 % an der Geldvermögensbildung aus. Die nachfolgenden Wachstumsraten und auch die Aussichten bis 2010 fielen folge dessen bescheidener aus. Im Unterschied dazu Italien. Italien startete 1995 mit einem Anteil der oben erwähnten Wachstumsmärkte am Geldvermögen von 27,7 % von einem wesentlich tieferen Niveau und vermochte bei der geplanten Zielgrösse für das Jahr 2010 auf den hohen Anteilswert in Grossbritannien im Bereich von annähernd 80 % aufzuschliessen.

Die Frage, ob die für Deutschland und die Länder der EU konstatierten bzw. prognostizierten Entwicklungen auch auf die Schweiz übertragen werden können, ist zwar wahrscheinlich positiv zu beantworten, es gibt aber keine statistischen Daten, um dies zu verifizieren. Sicher ist nur, dass sich die Struktur des Prämienvolumens im Lebensversicherungsgeschäft signifikant von der in anderen Ländern unterscheidet (vgl. Abbildung 8).

Das Prämienvolumen verteilt sich in den untersuchten Ländern höchst unterschiedlich zwischen den Polen **Gruppen- und Einzelversicherung** einerseits und den Polen **Kapital und Rentenversicherung** andererseits. Stehen beispielsweise in Deutschland Einzel-Kapital-Versicherungen mit 88,1 % stark im Vordergrund, so sind es in der Schweiz mit einer überwiegenden Mehrheit von annähernd zwei Dritteln die Gruppen-Kapital- und Rentenversicherungen. Ein wesentlicher Unterschied dafür liegt in den Rahmenbedingungen der Versicherungswirtschaft, das heisst inwiefern es möglich und attraktiv ist, neben den staatlichen Sozialversicherungssystemen, private Vorsorgeprodukte anzubieten. Zu denken ist da vor allem an die Beschränkungen, die von der Versicherungsaufsicht bei der Vermarktung neuer Produkte auferlegt werden können, und an die steuerliche Behandlung der Lebensversicherungsprämie sowie der ausbezahlten Versicherungsleistungen (vgl. SWISS RE, 3/93, S. 6 ff.).

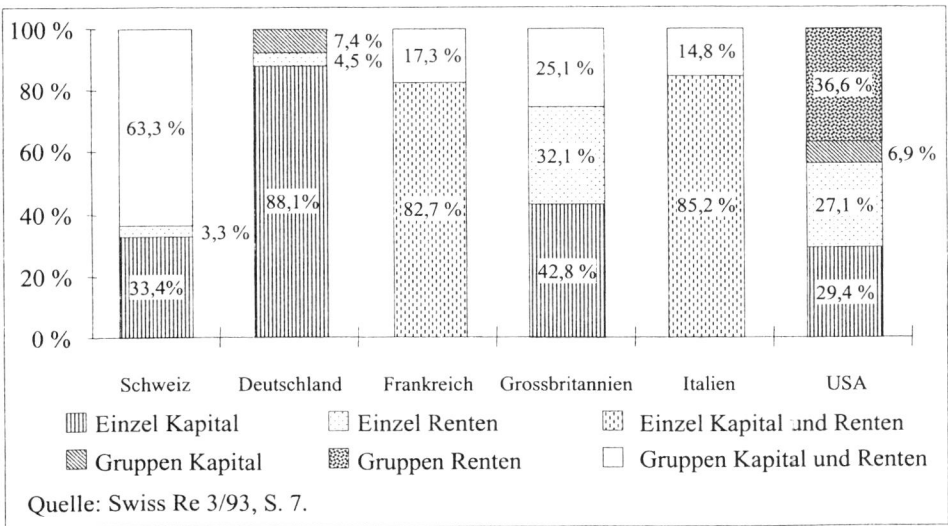

Abbildung 8: Struktur der Prämien im Lebensversicherungsgeschäft

Die länderbezogenen Einzelheiten der Rentensysteme der EU-Mitgliedsstaaten lassen sich der folgenden Abbildung entnehmen:

Land	Rentenart	Pflicht	Finan-zierung	Beitrags-sätze	Einkommens-grenzen bzw. Höchstbeitrag	Renten-eintritts-alter	Rentenhöhe
DK	Grundrente	Ja	UV	steuer-finanziert	o.A.	67 ab 2004: 65	ca. 38 % des Durch-schnittseinkommens, Anrechnung sonstiger Einkommen
	Staatliche Zusatzrente	Ja	KDV	6 %	o.A.	67 ab 2004: 65	Abhängig von der Höhe und Dauer der Beitrags-zahlung
	Betriebliche Rente	Ja	KDV	9-15 %	o.A.	Ab 60	beitragsabhängig
GB	Grundrente	Ja	UV	o.A.	EUG: 3.825 £ p.a.	60/65[1]	Max. 66,75 £/Woche (Alleinstehende) 106,7 £/Woche (Verheiratete)
	Staatliche Zusatzrente	fakul-tativ	UV	10 % AN 11,9 % AG	EG: 72-575 £ pro Woche (AN) ab 87 £ pro Woche (AG)	60/65[1]	einkommensabhängig
	Betriebliche Rente	fakul-tativ	KDV	15 % AN 10 % AG	EOG 95.400 £	60/65[1]	Max. 2/3 des letzten zu versteuernden Einkom-mens
IRL	Grundrente	Ja	UV	steuer-finanziert	o.A.	66	Max. 121, 90 € (bzw. 100,90 €, wenn keine
	Betriebliche Rente	Nein	KDV	o.A.	o.A.	66	Max. 2/3 des letzten zu versteuernden Einkom-mens
NL	Grundrente	Ja	UV	17,9 % AN Teil der Lohnsteuer	EOG 22.233 €	65	Abhängig von der Bera-tungsdauer; max. 70 % des NML (Alleinstehen-de); max. 100 % des NML (Mehrpersonen-haushalt); max. 90 % des NML (Alleinerziehen-de/r mit 1 Kind)
	Betriebliche Rente	KDV	KDV	o.A.	o.A.	65	In der Regel 70 % des letzten Einkommens (in-klusive staatlicher Grundrente)
S	Staatliche Rente	UV+ KDV	UV+ KDV	16 % UV + 2,5 % KDV	o.A.	65	Abhängig vom Lebens-einkommen
	teilweise	KFV	KDV	o.A.	o.A.	65	einkommensabhängig

Abbildung 9: Rentensysteme in der Europäischen Union
Quelle: DRESDNER BANK (2001), S. 7.
Kommentar: UV: Umlageverfahren; KDV: Kapitaldeckungsverfahren; AG: Arbeitgeber; o.A.: ohne Angabe; EG: Einkommensgrenze; EOG: Einkommensobergrenze; NML: Nettomindestlohn;
[1]Frauen/Männer

Der Schweizer Markt weist auch die Besonderheit auf, dass die Bevölkerung zu den unge-schlagenen „Weltmeistern" beim Abschluss von Versicherungen gehört. Die Schweizer gaben

1999 mit USD 4.643 pro Kopf am meisten Geld für Versicherungsdienstleistungen aus (davon USD 1.729 im Nichtlebengeschäft und USD 2.914 im Lebengeschäft). Lediglich in der Relation der Prämienausgaben zum Bruttoinlandprodukt (BIP) liegen sie mit 13 % knapp hinter Grossbritannien mit einem Anteilswert von 13,5 %. In Ländern wie Spanien und Italien, die diesbezüglich im europäischen Vergleich am unteren Rand zu liegen kommen, beträgt dieser Anteilswert knapp 6 %. Der Durchschnittswert für sämtliche Industrieländer liegt bei gerade mal 8,8 % (vgl. Abbildung 10).

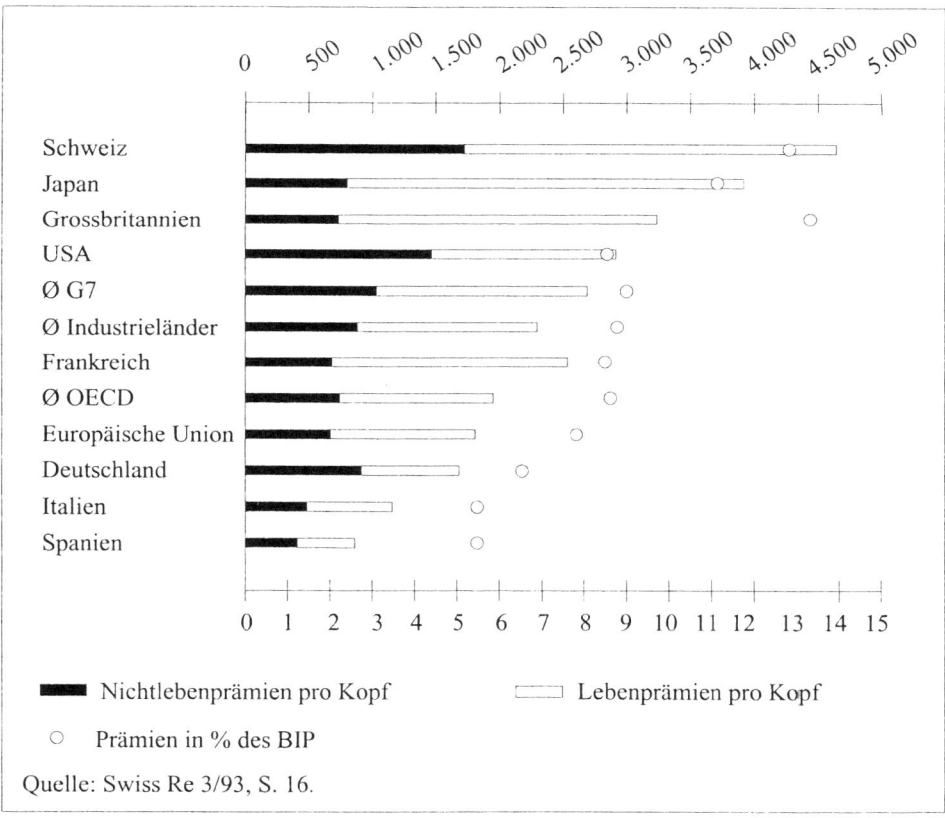

Abbildung 10: Nichtlebenprämien und Lebenprämien pro Kopf

III. Der Zukunftsmarkt: Kapitalgedeckte Altersvorsorgeprodukte

Einen der wichtigsten Märkte für die Zukunft bilden Altersvorsorgeprodukte. Die Gründe hierfür sind äusserst vielfältig:

Ein erster Grund ist in der **demographischen Entwicklung** in vielen Ländern zu sehen. Bedeutsam ist, wie viele Personen im erwerbsfähigen Alter der Rentnergeneration gegenüberstehen. Eine geringere Fertilität (durchschnittliche Anzahl Kinder die eine Frau zur Welt bringt) und eine steigende Lebenserwartung führen zu einer Veränderung im Altersaufbau der Bevölkerung, der für ein umlagefinanziertes Rentensystem von grosser Bedeutung ist. Der Anteil älterer Menschen an der Bevölkerung nimmt in den nächsten Jahren besonders stark zu. So wird sich konkret in den EU-15-Ländern der Anteil der Bevölkerung im Alter ab 65 Jahren in den kommenden 50 Jahren annähernd verdoppeln. Im Jahr 2050 wird in den EU-15-Ländern der Anteil der Leute ab 65 Jahren im Vergleich zu den 20- bis 64-jährigen rund 56 % betragen (vgl. Abbildung 11).

	2000	2010	2030	2050
Belgien	29,5	31,1	48,8	52,0
Dänemark	25,5	29,6	42,0	43,7
Deutschland	28,0	34,1	50,3	56,1
Griechenland	30,2	33,6	44,4	61,6
Spanien	28,7	30,7	44,7	68,7
Frankreich	28,5	29,5	46,4	53,2
Irland	20,3	20,5	32,1	46,6
Italien	30,7	35,5	52,9	69,7
Luxemburg	24,8	27,6	42,5	43,5
Niederlande	23,1	26,2	44,2	49,6
Österreich	26,3	30,1	47,0	57,7
Portugal	26,7	28,5	37,2	50,9
Finnland	25,9	29,7	49,5	50,6
Schweden	30,9	33,8	45,4	48,5
Grossbritannien	27,8	28,5	43,1	48,5
EU-15	28,3	31,4	46,8	55,9

Abbildung 11: Bevölkerung im Alter ab 65 Jahren im Verhältnis zu den 20- bis 64-jährigen

Zweitens ist aus **soziokultureller Sicht** festzuhalten, dass sich in den letzten drei Jahrzehnten einiges geändert hat: Die Dauer der Erwerbstätigkeit bei den Männern hat sich verringert, bei den Frauen dagegen ist sie im Zunehmen begriffen.

Gesamthaft betrachtet nimmt dennoch die Dauer des Erwerbslebens eher ab. Dies basiert auf der Tatsache, dass die Ausbildungsdauer der Jüngeren dauernd im Zunehmen begriffen ist und die Älteren zunehmens wie frühzeitiger in den Ruhestand geschickt werden. Wirft man einen globalen Blick auf den Anteil der erwerbstätigen Personen im Alter von 55 bis 64 Jahren, so zeigen sich wesentliche internationale Unterschiede (vgl. Abbildung 12). Beträgt der Anteil der erwerbstätigen 55- bis 64-jährigen in Deutschland rund 39 %, so beträgt dieser in der Schweiz, welche innerhalb von Europa am anderen Ende der Bandbreite zu liegen kommt, mehr als 70 %. Ein besonderes Merkmal des gesellschaftlichen Wandels der letzten Jahre, ist ein Trend hin zur Individualisierung. Immer mehr Menschen möchten die Vielzahl neuer Entfaltungsmöglichkeiten nutzen und ihr Leben und ihren Beruf individuell und aktiv planen und gestalten. Dafür sind sie bereit, mehr Eigenverantwortung und die dazugehörenden Risiken in Kauf zu nehmen.

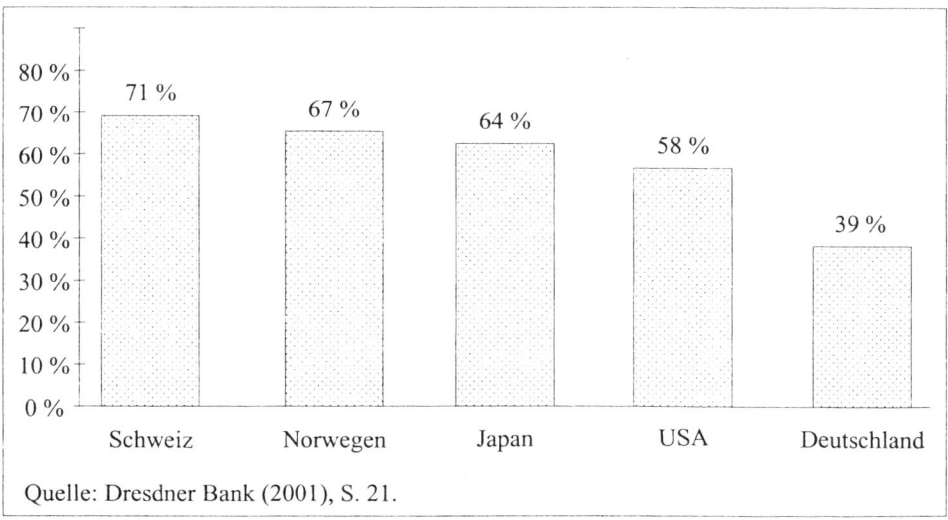

Quelle: Dresdner Bank (2001), S. 21.

Abbildung 12: Anzahl erwerbstätige Personen im Alter von 55 – 64 Jahren von 100

Innerhalb der EU zeigt sich in einem temporären Vergleich der Jahre 1970 und 1995, dass der Anteil der über-60-jährigen Erwerbspersonen stark im Abnehmen begriffen ist (vgl. Abbildung 13). Betrug in Irland um 1970 der Anteil der über-60-jährigen noch gut 14 %, so betrug dieser 1995 noch knapp 6 %. In sämtlichen anderen EU-Staaten bietet sich ein ähnliches Bild, wenn die Änderung auch nicht so stark ausfällt.

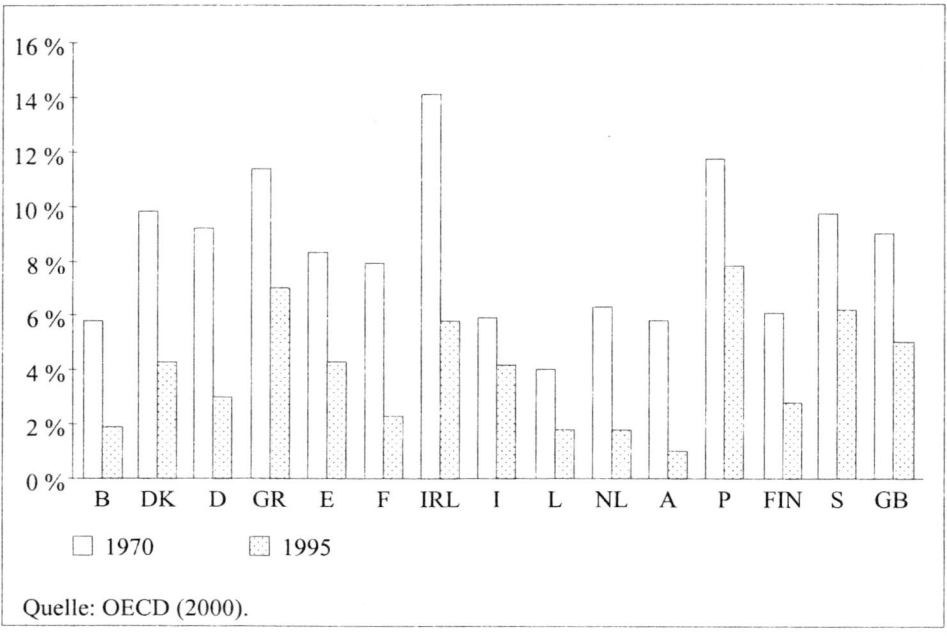

Abbildung 13: Anteil der über-60-jährigen an den Erwerbspersonen in der EU (in %)

Die Situation in der Schweiz macht hier keine Ausnahme: Es ist anzunehmen, dass der Anteil der 65-jährigen und älteren ungefähr im Jahr 2040 ein Plafond von annähernd 25 % erreichen wird. Der Anteil der unter-15-jährigen sowie der 15- bis 29-jährigen bewegt sich während der ganzen Zeit in einem fixen Band zwischen 10 und 20 %, während der Anteil der 30- bis 64-jährigen zwischen 40 bis 50 % beträgt (vgl. Abbildung 14).

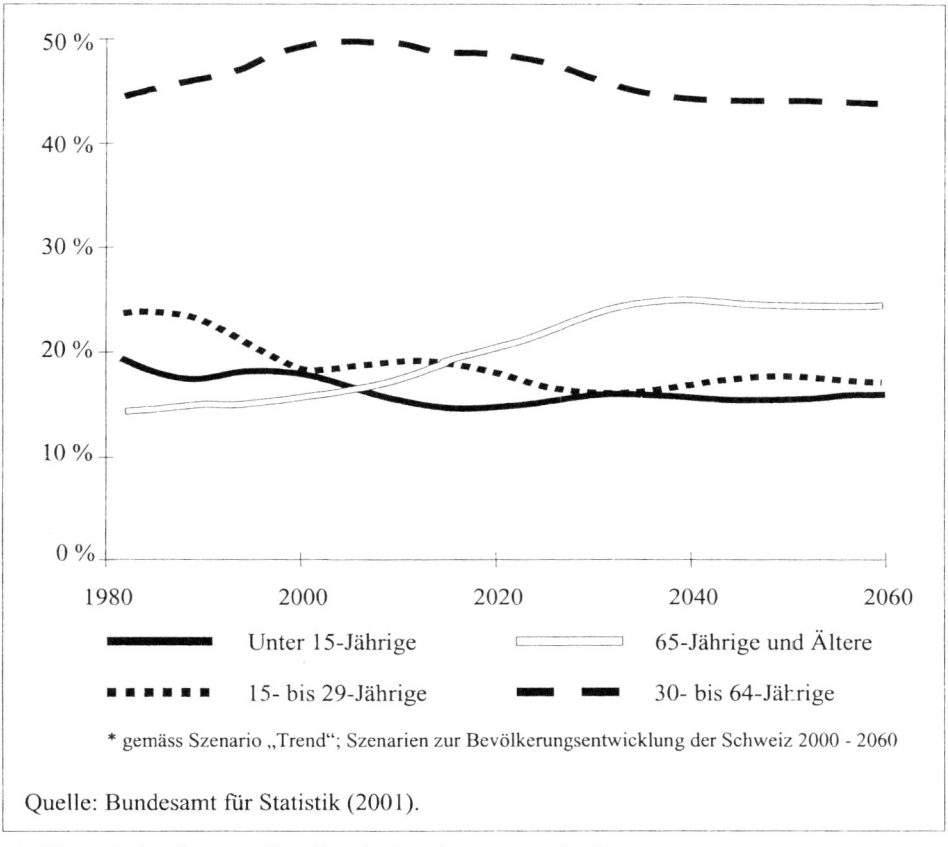

Abbildung 14: Anteilsmässige Verteilung der Bevölkerung nach vier Altersgruppen

Es ist davon auszugehen, dass diese Entwicklungen in staatlichen **Altersversicherungssystemen**, die überwiegend nach dem Umlageverfahren arbeiten (1. Säule), mit grosser Wahrscheinlichkeit in die Krise führen. Der Reformdruck auf diese Sicherungssysteme einerseits und die Auswirkungen auf die Märkte für **kapitalgedeckte Vorsorgesysteme** als Alternative bzw. Ergänzung (2. und 3. Säule) andererseits, sind dabei auch abhängig von den derzeitigen Alterssicherungsstrukturen in den verschiedenen Ländern. Dabei zeigt sich vor allem in Deutschland eine bestehende Abhängigkeit von der bestehenden gesetzlichen Rentenversicherung. Im Gegensatz dazu zeigt sich in den USA eine zwischen den Vorsorgearten gleichgewichtigere Struktur, welche auch näherungsweise auf die Schweiz zutrifft (vgl. Abbildung 15).

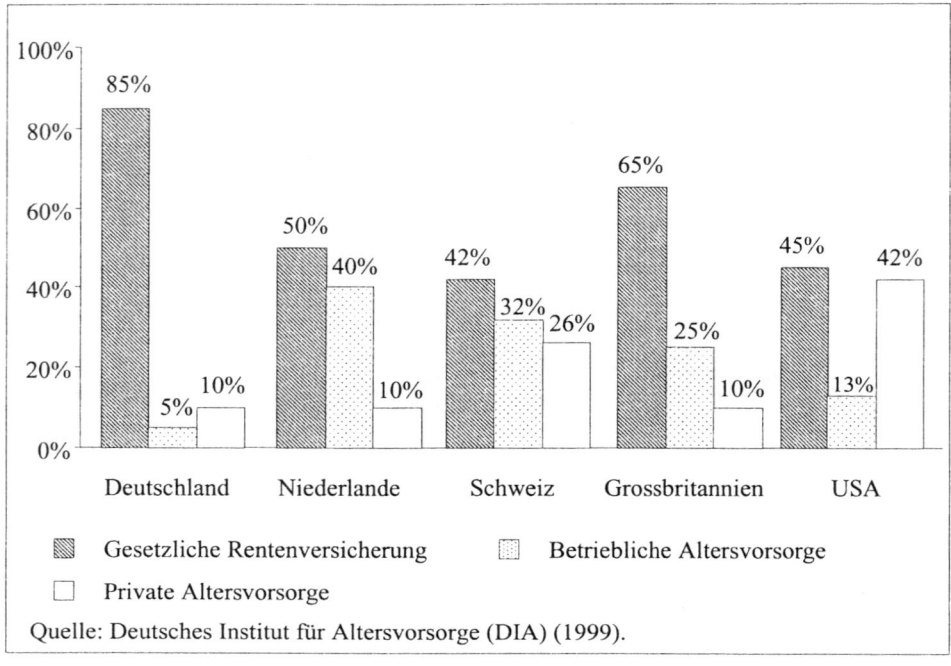

Abbildung 15: Struktur der Alterssicherung im internationalen Vergleich

Aus den eben geschilderten Gründen kann **in Zukunft** mit einer **erheblichen Erhöhung der Marktvolumina für die Altersvorsorgeprodukte europa- und sogar weltweit** gerechnet werden.

Für Deutschland gelten folgende Zahlen bzw. Prognosen:

1. Das Marktvolumen für Vorsorgeprodukte entwickelte sich seit Mitte der 90er Jahre doppelt so stark wie die Gesamtwirtschaft (1999: 16 % des BIP, absoluter Wert der Anlagen: 317 Mrd. EUR)
2. Aufgrund der ab 2002 geltenden staatlichen Förderungsmassnahmen für die individuelle und betriebliche Altersvorsorge, wird mit folgenden Zuflüssen gerechnet (vgl. Abbildung 16):

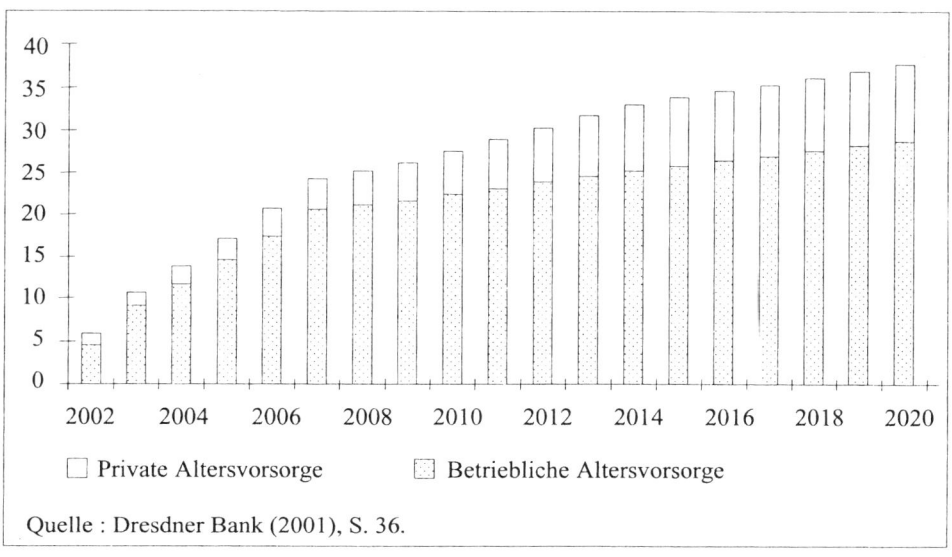

Abbildung 16: Zuflüsse in die staatlich geförderte Altersvorsorge (in Mrd. Euro)

3. Rund 75 % der staatlich geförderten Altersvorsorge dürfte dabei auf die betriebliche Altersvorsorge (2. Säule) und rund 25 % auf die individuelle Altersvorsorge (3. Säule) entfallen.
4. Unter Einbezug des bislang schon praktizierten Alterssparens, dürfte der Bestand an altersvorsorgespezifischen Assets under Management in Deutschland bis 2010 auf insgesamt gut 900 Mrd. EUR anwachsen.

Für die Länder der EU (ohne Deutschland) gelten entsprechend folgende Erkenntnisse und Prognosen:

1. Die bestehenden Alterssicherungssysteme in der EU weisen eine grosse Vielfalt auf. Dementsprechend unterschiedlich hat sich der Markt für Altersvorsorgeprodukte entwickelt:
Die höchste jahresdurchschnittliche Zuwachsrate wiesen von 1995 bis 1999 die Märkte in Grossbritannien und Irland mit jeweils 19,5 % und 24,8 %, die niedrigste Österreich mit annualisierten 3,3 % auf.
Für die Zukunft werden vor allem für Frankreich, aber auch für Belgien, Italien, Griechenland, Spanien, Luxemburg, Österreich und Portugal hohe, für Dänemark, Finnland, Irland, die Niederlande und Grossbritannien dagegen eher niedrige Zuwachsraten erwartet.

2. Insgesamt werden Mittelzuflüsse in der EU (ohne Deutschland) von zunächst 11 Mrd. EUR (2002) erwartet, die dann auf 120 Mrd. EUR (2010) und weiter auf 220 Mrd. EUR (2020) ansteigen könnten (vgl. DRESDNER BANK (2001)).

3. Aus den prognostizierten Zuflüssen und der Annahme, dass zumindest Teile des bisherigen Alterssparens weiter betrieben werden, lässt sich herleiten, dass die entsprechenden Assets under Management bis zum Jahre 2010 mit 5,3 Billionen EUR gegenüber heute mehr als doppelt so gross sein werden.

B. Der Kampf um die Kundenfranchise im 3V-Geschäft

I. Allfinanz als Schlüsselstrategie

> **These:**
>
> Um das Marktpotential für Vermögensanlage-, Vorsorge- und Versicherungsprodukte möglichst konsequent auszuschöpfen, bedarf es einer umfassenden Allfinanzstrategie.

a) Was ist Allfinanz?

Hinter dem schillernden Begriff „Allfinanz" verbirgt sich eine aktuelle und weitreichende Entwicklung, die sowohl die institutionellen Strukturen wie auch die Produktions- und Vertriebsprozesse im Finanzdienstleistungssektor entscheidend prägt.

Aus **marktlicher (Vertriebs-)Sicht** ist für Allfinanzkonzepte die Bündelung von 3V-Produkten zu einem umfassenden, den jeweils aktuellen Kundenbedürfnissen angepassten Angebot von Finanzdienstleistungen charakteristisch. Neben den Banken und Versicherungsunternehmen spielen dabei auch die unabhängigen Finanzvertriebe (z.B. MLP, AWD) eine wichtige Rolle, die durch ihre ungewöhnlichen Vertriebserfolge geradezu ein Markenzeichen für Allfinanz geworden sind.

Aus **institutioneller Sicht** versteht man unter Allfinanz allerdings in erster Linie die vertragliche und/oder kapitalmässige Bindung zwischen Banken und Versicherungsunternehmen. Zentrale Begriffe, die diese Entwicklung treffend bezeichnen, sind „Bank Assurance" (franz. „Banqueassurance") bzw. im englischen Sprachgebrauch „Financial Services" als Ausdruck für Finanzdienstleistungen.

Prominente Beispiele für solche Allfinanz-Dienstleister sind:

- Citigroup (entstanden aus der Fusion des Bankkonzerns Citicorp und der Versicherungsgruppe Travellers),
- ING (entstanden aus der Fusion von Nationale-Nederlanden und NMB Postbank Groep)
- Credit Suisse Group (durch Übernahme der Winterthur Versicherung).

Mit den grossen Finanzdienstleistungskonzernen ist der Allfinanzgedanke auch eingebettet in den grossen Strukturwandel im Finanzdienstleistungssektor, der durch die Konvergenz der Bank- und Versicherungswelten gekennzeichnet ist (vgl. SCHIERENBECK/HÖLSCHER 1998). Ein äusseres Zeichen dieser Konvergenz sind die Entwicklungen hin zu einer einheitlichen Aufsichtsbehörde für beide Sektoren. Umgesetzt worden ist dies beispielsweise in Grossbritannien, aber auch in Südafrika, Dänemark, Norwegen und Schweden. Gegenwärtig diskutiert wird diese Zusammenlegung in der Schweiz und in Deutschland.

Die tieferliegenden Ursachen bzw. Treiber dieser Konvergenz von Banken- und Versicherungsunternehmenswelten sind dabei äusserst vielgestaltig.
Eine wichtige Rolle spielen aber sicher u.a.

- der Abbau von Wettbewerbshemmnissen durch Deregulierung (in der EU und auch weltweit);
- der zunehmende Wettbewerbsdruck im Kampf um die Ersparnisse der privaten Haushalte (einschliesslich Erbschaftsvermögen) auf allen 3V-Märkten;
- die wachsende Einsicht in Ähnlichkeiten und Überlappungen in den Geschäftsfeldern;
- ein zunehmend gleichartiges Verständnis von Geschäftsrisiken und die professionelle Beschäftigung speziell mit Kapitalmarktrisiken, sowohl in den Banken wie bei den Versicherungsunternehmen;
- die Bestrebungen, durch geeignete Altersvorsorgeprodukte von der sich abzeichnenden Krise der staatlichen Rentenversicherungssysteme zu profitieren.

Was speziell Letzteres angeht, das Ringen von Banken und Versicherungen um den wachsenden Markt für Altersvorsorgeprodukte, gilt folgende Ausgangslage:

- Durch die grosse Bedeutung der Lebensversicherung als traditionelles Altersvorsorgeprodukt haben die Versicherungsunternehmen hier eine starke Ausgangsposition. Speziell für die Schweiz kommt noch hinzu, dass das Kollektivgeschäft der Versicherungen knapp zwei Drittel des gesamten Prämienvolumens ausmacht und dies zu einem grossen Teil (1985: 85 %) auf das Geschäft mit Pensionskassen (2. Säule) zurückzuführen ist.
- Für moderne Altersvorsorgeprodukte, die stärker durch Wertschriftenanlagen geprägt sind, haben die Banken aber eine vergleichsweise höhere Akzeptanz im Markt (wenngleich die Versicherer mit ihren Fondspolicen durchaus erfolgreich sind). Als besonderer Erfolgsfaktor für Banken gilt zudem die grössere Nähe zu ihren Kunden, die sowohl für die individuelle wie auch die betriebliche Altersvorsorge genutzt werden kann.

Insoweit gibt es für beide Seiten gute Argumente für eine verstärkte Zusammenarbeit zur Ausschöpfung der Marktpotentiale.

b) Zur Bedeutung des Vertriebswegs Bank für die Versicherungsunternehmen und umgekehrt

Der Vertriebsweg Bank hat für Versicherungsunternehmen vor allem im „Individualgeschäft Lebensversicherungen" Relevanz erlangt (nicht dagegen bei der Kollektiv-/Gruppenversicherung). Die Zahlen verdeutlichen die bereits hohe (und wegen des überdurchschnittlichen Wachstums in diesem Segment auch ansteigende) Bedeutung des Vertriebswegs Bank für Lebensversicherungen(vgl. Abbildung 17).

	Masszahl Neugeschäft (Jahresbeitrag)	Masszahl Bestand Beitragseinnahme
Bundesrepublik Deutschland	25 % - 30 %	12 %
Frankreich	n.a.	62 %
Österreich	54 %	36 %
Italien	50 %	33 %
Grossbritannien	13 %	n.a.
Schweiz	35 %	20 %

Abbildung 17: Marktanteile der Bank Assurance bei Lebensversicherungen
Quelle: WARTH (1999), S. 135: Eigene Recherchen auf der Basis der Geschäftsberichte 1997/1998 der Unternehmen und Statistiken der Verbände: Gesamtverband der deutschen Versicherungswirtschaft (GDV), Fédération Française des Sociétés d'Asurances (FFSA), Verband der Versicherungsunternehmen Österreichs (VVO), Associazione fra le Imprese Assicuratici (ANIA), Association of British Insurers (ABI), Bundesamt für Privatversicherungswesen (PBV) – Schweiz
Kommentar: Ohne Berücksichtigung der betrieblichen Lebensversicherung (Kollektivgeschäft)

Aus diesen Zahlen heraus lässt sich auch das **wachsende Interesse der Banken am Lebensversicherungsgeschäft** erklären.

Auch die Zahlen bei den Lebensversicherungsunternehmen belegen die Bedeutung des Bankenvertriebs von Lebensversicherungen. Der Marktanteil der „Bankversicherer" (das sind Versicherungsunternehmen, die auch oder nur über Banken ihre Produkte absetzten) nimmt fortlaufend zu: In Deutschland 1997 ungefähr 45 % gemessen an den Beitragseinnahmen; im Neugeschäft 1997 knapp 60 %. Das durchschnittliche Beitragswachstum der „Bankversicherer" in Deutschland beträgt 6,3 % (1994 - 1997). Demgegenüber liegt das durchschnittliche

Beitragswachstum der Lebensversicherer ohne Bankvertrieb nur bei 3,8 % (vgl. WARTH (1999)).

Der umgekehrte Fall, nämlich, dass **Banken die Vertriebskanäle der Versicherungen (vor allem Agenturen und Makler) dazu nutzen, ihre Produkte zu vertreiben**, hat sich demgegenüber **wenig durchgesetzt**.

Ein wichtiger Grund hierfür wird sein, dass die möglichen Vertriebsmargen von Bankprodukten (vielleicht mit Ausnahme von Anlagefonds) in den Augen der provisionsgetriebenen Vertriebe zu wenig attraktiv sind im Vergleich zu denen von Versicherungsprodukten.

Ein weiterer Grund ist die oftmals fehlende Beratungskompetenz der Versicherungsbetriebe in bezug auf Bankanlagen und Kapitalmarktprodukte. So kommen allenfalls einfach strukturierte Anlagefonds und Fondspolicen als Beimischung in das Vertriebsangebot in Frage. Um dieses Kompetenzproblem zu lösen, ist beispielsweise in dem neu geschaffenen Allianz-Dresdner-Bank Finanzverbund vorgesehen, eine Finanzplaner-Organisation aufzuziehen (Advance Bank) und in den Allianz-Agenturen je einen Wertpapierspezialisten der Dresdner Bank zu beschäftigen. Offen bleiben hier jedoch weiter zentrale Problemkreise wie die Vereinheitlichung der Anreizsysteme in Bank- und Versicherungsvertrieben, die Bewältigung der immer noch bestehenden, erheblichen Mentalitätsunterschiede in beiden Kulturen und die Durchsetzung einer konsequenten Kundenorientierung, bei der der Produktverkauf nicht das Ziel, sondern lediglich Mittel zum Zweck ist.

c) **Zur Bedeutung der unabhängigen Finanzvertriebe für die Banken und Versicherungen**

Es ist offensichtlich, dass **unabhängige Finanzvertriebe** in der Schweiz eine deutlich geringere Bedeutung haben als etwa in Deutschland. Bekannte börsennotierte Vertreter sind MLP, AWD und Tecis. Da diese im Vertrieb 3V-Produkte entsprechend den Bedürfnissen ihrer Kunden bündeln, sind diese somit **Allfinanzanbieter „per se"**. Sie erfüllen jedoch oftmals auch das Bedürfnis ihrer Kunden nach qualifizierter und **umfassender Beratung** entsprechend dem „financial planning"-Ansatz und nach einem **produzentenunabhängigen Produktangebot**.

Ihr Wachstum lag in der Vergangenheit deutlich über dem durchschnittlichen Marktwachstum (Umsatz-Wachstum von MLP zwischen 1998 und 2000 beispielsweise 34 % p.a.!).

Demzufolge prognostiziert eine Studie von MCKINSEY auch deutlich steigende Marktanteile, vor allem im Vertrieb von Lebensversicherungen (einschliesslich Fondspolicen) und Investmentprodukten.

Im Bereich „Leben" ist abzusehen, dass die Bedeutung der Ausschliesslichkeitsverkäufer stark zurückgehen wird. Auf dem Vormarsch sind Mehrfachagenten, Finanzberater und Banken. Im Gegensatz dazu der „Investment"-Bereich in dem die Banken Marktanteile vornehmlich zu Gunsten von Mehrfachagenten und Finanzberatern abgeben werden müssen (vgl. Abbildung 18).

Leben

Heute:
- 60 %
- 15 - 20 %
- 15 - 20 %
- 5 %

Zukunft:
- 20 - 25 %
- 30 - 35 %
- 30 - 35 %
- 10 - 15 %

Investment

Heute:
- 72 %
- 12 %
- 9 %
- 7 %

Zukunft:
- 35 - 45 %
- 25 - 35 %
- 15 - 20 %
- 15 %

Legende Leben:
- ☐ Ausschliesslichkeitsverkäufer
- ▨ Mehrfachagenten, Finanzberater
- ▨ Banken
- ☐ Direkt / Andere

Legende Investment:
- ▨ Banken
- ☐ Aussendienst
- ▨ Mehrfachagenten, Finanzberater
- ☐ Direkt

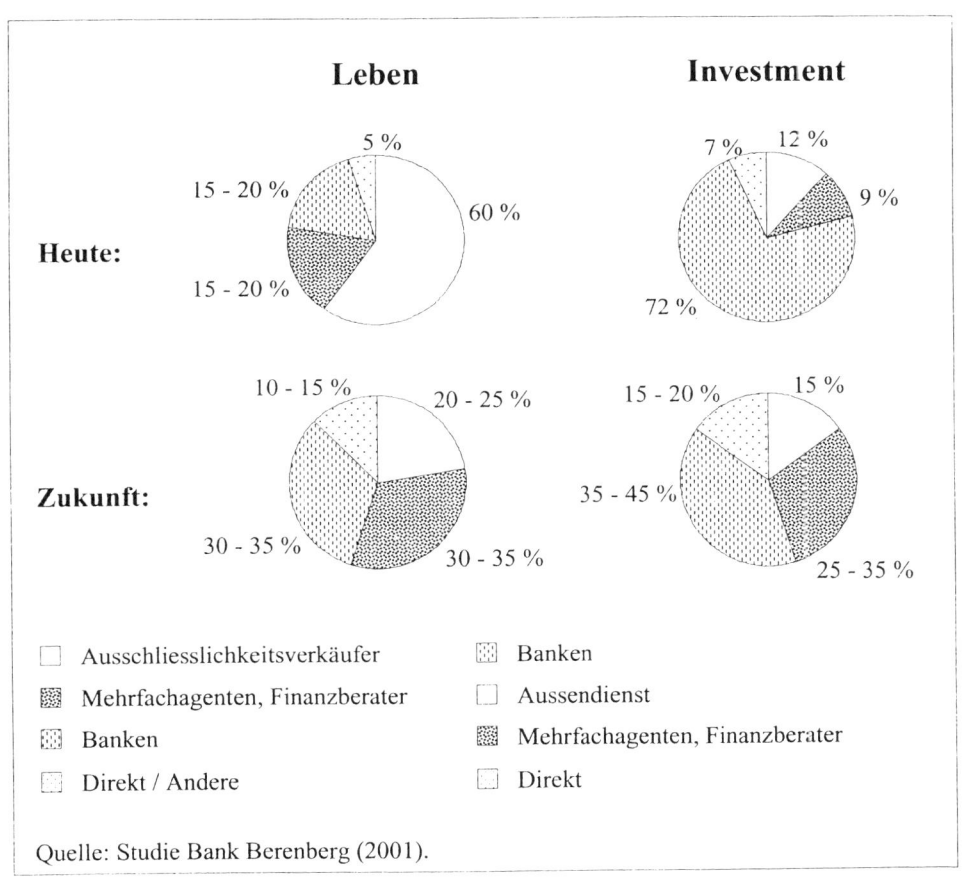

Quelle: Studie Bank Berenberg (2001).

Abbildung 18: Marktanteile der Vertriebsorganisation

II. Basisstrategien und Integrationsstufen der Bank Assurance

Allfinanzstrategien können eine defensive oder eine stärker offensive Stossrichtung haben (Marktsicherung oder Marktführerschaft). Unabhängig davon haben sie in erster Linie stets das Bestreben, gemeinsam den (qualitativen und quantitativen) Zugang zur Kundenfranchise zu verbessern.

Typische Allfinanzziele drehen sich demnach um folgende Kernpunkte:

- erhöhte Kundenbindung;
- umfassendere Ausschöpfung von Marktpotentialen;
- bessere Kundenberatung und Kundenbetreuung sowie
- erweiterte Kundenbasis.

Um diese Ziele zu realisieren, stehen grundsätzlich verschiedene Basisstrategien zur Verfügung: **Kooperationsstrategien** und **Konzernstrategien** durch Mergers & Acquisitions (M&A-)Aktivitäten sowie durch Eigengründung.

Von hohem strategischen Aussagegehalt betreffend dieses Themas sind die folgenden beiden Zitate von CEO's führender Allfinanz-Konzerne:

- „Wenn man sich in der Zusammenarbeit einig ist, muss man keine Bank besitzen!" Hans Jäger (CEO AMB-Generali) Juli 2001
- „Man braucht keine Kuh zu kaufen, wenn man ein Glas Milch trinken will!" Lukas Mühlemann (CEO Credit Suisse Group) Frühling 1997

Kooperationsstrategien beschränken sich in aller Regel auf die Nutzung der Vertriebswege und Vertriebskapazitäten des oder der Kooperationspartner. Sie erfolgt – wo möglich und sinnvoll – auf Gegenseitigkeit. Kooperationsstrategien sind häufig mit Exklusivabkommen verbunden. Es gibt aber auch zahlreiche, diese Tendenz ist in letzter Zeit am Zunehmen begriffen, Beispiele für Kooperationen ohne Exklusivität.

Vertriebskooperationen lassen sich vergleichsweise **schnell und kostengünstig** umsetzen. Sie sind jedoch an folgende fundamentale Erfolgsfaktoren gebunden:

- Einigkeit über die Zusammenarbeit und gegenseitige Abhängigkeit
- Bestehen einer vertraglichen und längerfristigen Vertriebspartnerschaft mit klaren Regeln, verbunden mit einer akzeptierten Aufteilung von Kosten und Erlösen, die beiden Seiten gerecht wird
- „Unterstützung" der vertraglichen Vereinbarung mit einer gewissen Kapitalunterlegung

Als **Probleme von Allfinanzkooperationen** gelten u.a.

- der oftmals fehlende Zugriff auf die Kundenbasis der Kooperationspartner,
- die nicht gewährleistete Qualitätssicherung des Kundenkontakts und
- der mangelnde Durchgriff auf die fremden Vertriebskanäle.

Als Fazit ist festzuhalten, dass Allfinanzkooperationen nicht selten nur eine Übergangslösung für eine spätere Konzernlösung darstellen.

Als ein deutsches Beispiel für ein Allfinanz-Kooperationsmodell gilt u.a. die Zusammenarbeit der **Commerzbank** und der **AMB Generali** (vgl. Abbildung 19). Beteiligungsmässig hält dabei die AMB Generali 9,9 % der Commerzbank resp. die Commerzbank 1,4 % der AMB Generali. Dabei handelt es ich um ein koordiniertes Nebeneinander von Kooperationspartnern, Direktvertrieb, Bankvertrieb und eigenen Maklern. Die Produktsegmentierung wird vertriebskanalspezifisch vorgenommen: D.h., dass die Commerzbank vertreibt lediglich Produkte der Volksfürsorge und die AMB-Leben arbeitet nur mit der Deutschen Vermögensberatung (DVAG) zusammen. 850 Versicherungsberater der AMB arbeiten in 500 Filialen der Commerzbank, um dort deren Kundenbestand zu bearbeiten. An 250 AMB-Standorten werden durch die Commerzbank sogenannte Banking Center eingerichtet, wo Bankmitarbeiter die Versicherungsvertriebe bei Vermögensanlagegeschäften unterstützen sollen.

```
                    9,9 % Beteiligung
   ┌─────────────┐ ────────────────► ┌─────────────┐
   │ AMB-Generali│                   │ Commerzbank │
   └─────────────┘ ◄──────────────── └─────────────┘
                    1,4 % Beteiligung
```

                    ╱ Allfinanzplattform ╲

▶ Koordiniertes Nebeneinander von
  • Kooperationspartnern,
  • Direktvertrieb,
  • Bankvertrieb,
  • eigenen Maklern

▶ Vertriebskanalspezifische
  Produktsegmentierung:
  • Commerzbank vertreibt z.B.
    nur Produkte der Volksfürsorge.
  • AMB-Leben arbeitet nur mit der
    Deutschen Vermögensberatung
    (DVAG) zusammen.

▶ Einbindung von 850
  Versicherungsberatern der AMB in
  500 Filialen der
  Commerzbank, um dort in deren
  Kundenbestand zu arbeiten

▶ Einrichtung sogenannter
  Banking Center an 250 AMB-
  Standorten durch die
  Commerzbank, wo Bankmitarbeiter die Versicherungsvertriebe im Vermögensanlage-
  geschäft unterstützen sollen.

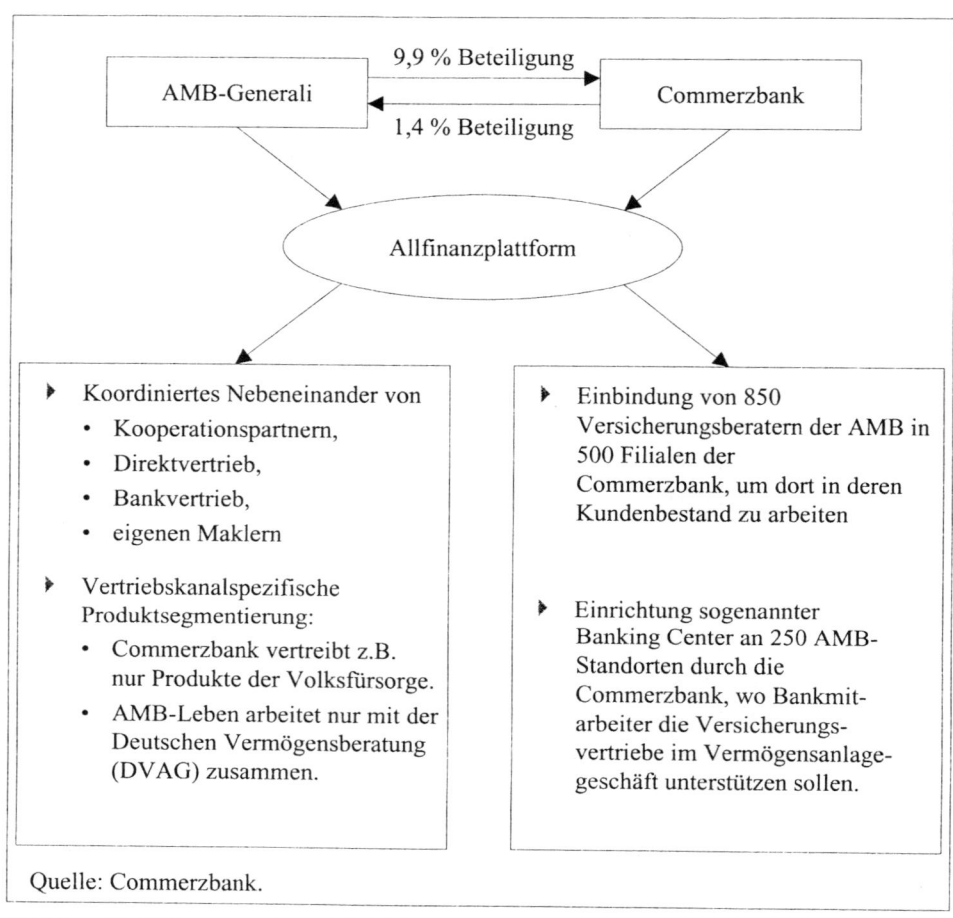

Quelle: Commerzbank.

Abbildung 19: Allfinanzstrategie am Beispiel der AMB Generali/Commerzbank.

Ein weiteres Beispiel aus neuster Zeit ist die Zusammenarbeit der **Deutschen Bank (DB)** und der **Zurich Financial Services (ZFS)** (vgl. Abbildung 20). Im Sinne einer Konzentrationsstrategie wurde in einer ersten Phase von der ZFS der Vermögensverwalter Scudder Investments an die DB übertragen. Die DB übertrug dafür im Gegenzug an die ZFS 75,9 % der Gruppe Deutscher Herold sowie 100 % der Lebensversicherungsaktivitäten in Italien, Spanien und Portugal. In einer zweiten Phase (der Inhalt der eigentlichen Allfinanzstrategie) wurde das Übereinkommen getroffen, dass die DB für die ZFS in Kontinentaleuropa „bevorzugter" Anbieter für die Vermögensverwaltung/Asset Management der ZFS-eigenen Anlagen wird. Im Gegenzug wird die ZFS für die DB exklusiver Vertriebspartner in Deutschland, Spanien, Portugal und Italien und „bevorzugter" Partner in anderen Ländern.

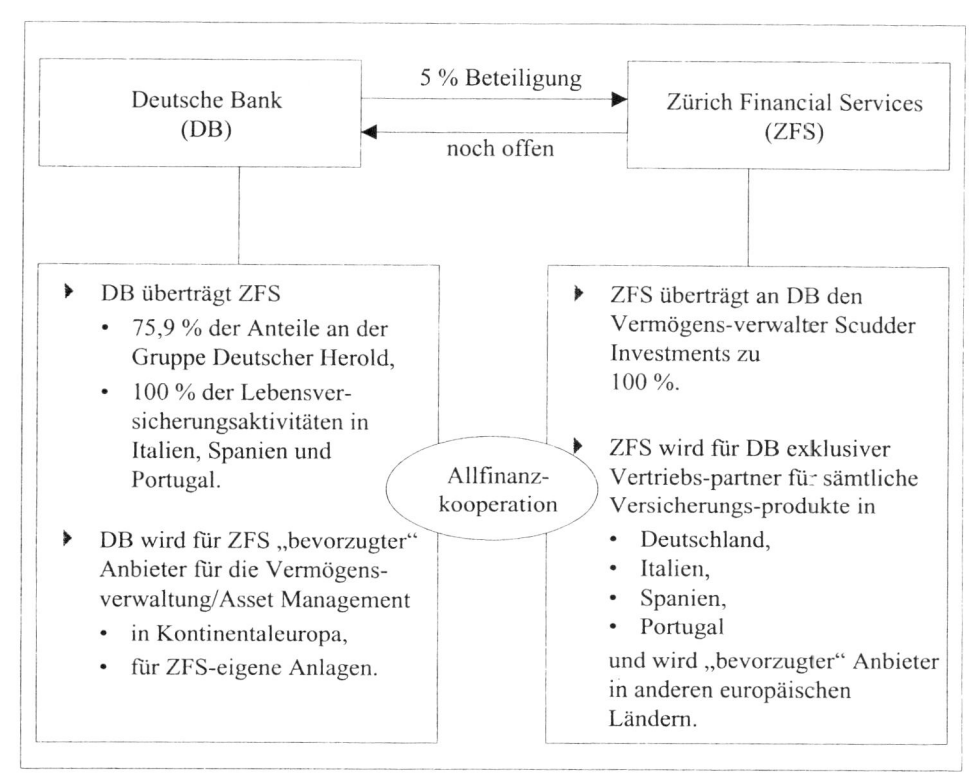

```
┌─────────────────────────┐    5 % Beteiligung    ┌─────────────────────────┐
│    Deutsche Bank        │ ────────────────────► │ Zürich Financial Services│
│    (DB)                 │ ◄──────────────────── │ (ZFS)                    │
│                         │      noch offen       │                          │
└─────────────────────────┘                       └─────────────────────────┘

┌─────────────────────────┐                       ┌─────────────────────────┐
│ ▶ DB überträgt ZFS      │                       │ ▶ ZFS überträgt an DB den│
│   • 75,9 % der Anteile  │                       │   Vermögens-verwalter    │
│     an der Gruppe       │                       │   Scudder Investments zu │
│     Deutscher Herold,   │                       │   100 %.                 │
│   • 100 % der Lebens-   │                       │                          │
│     versicherungs-      │      ╱‾‾‾‾‾‾‾‾‾╲     │ ▶ ZFS wird für DB        │
│     aktivitäten in      │     ( Allfinanz- )    │   exklusiver Vertriebs-  │
│     Italien, Spanien    │      ╲kooperation╱    │   partner für sämtliche  │
│     und Portugal.       │       ‾‾‾‾‾‾‾‾‾       │   Versicherungs-produkte │
│                         │                       │   in                     │
│ ▶ DB wird für ZFS       │                       │   • Deutschland,         │
│   „bevorzugter"         │                       │   • Italien,             │
│   Anbieter für die      │                       │   • Spanien,             │
│   Vermögensverwaltung/  │                       │   • Portugal             │
│   Asset Management      │                       │   und wird „bevorzugter" │
│   • in Kontinentaleuropa│                       │   Anbieter in anderen    │
│   • für ZFS-eigene      │                       │   europäischen Ländern.  │
│     Anlagen.            │                       │                          │
└─────────────────────────┘                       └─────────────────────────┘
```

Abbildung 20: Allfinanzkooperation am Beispiel der Zusammenarbeit der Zurich Financial Services mit der Deutschen Bank

Konzernstrategien sind in der Regel die stabileren Konzepte einer umfassenden und integrierten Allfinanzlösung.

Eigengründungen sind dort notwendig, wo Kooperationslösungen als nicht zielführend anzusehen und Übernahmekandidaten nicht verfügbar oder zu teuer sind. Die Nachteile von Eigengründungen sind in den oftmals beträchtlichen Investitionen, dem erheblichen Vorlauf bis hin zur Produktivität, sowie in den häufig längeren Anlaufverlusten zu sehen. Als Vorteil gilt allerdings, dass die bei Übernahmen notwenige Integration fremder Unternehmenskulturen und Systeme entfällt. Sie sind dort notwendig, wo Kooperationslösungen als nicht zielführend anzusehen sind und Übernahmekandidaten nicht verfügbar oder zu teuer sind.

Traditionelle Eigengründungen wie die CS-Life durch Credit Suisse und dbLeben durch die Deutsche Bank anfangs der 90er Jahre sind ausschliesslich produkt- bzw. produktionszentriert, d.h. sie gelten als Alternative für den „Fremdbezug" über ein Kooperationsmodell.

Anders ist dies bei den innovativen Eigengründungsmodellen, die die Internet-Technologie als zusätzlichen Vertriebskanal zur Beschleunigung der internen Produktionsprozesse, sowie zur Erhöhung der Servicequalität nutzen. Als Beispiele mögen für die Schweiz die unlängst lancierten Projekte der Rentenanstalt/Swiss Life mit ihrer Tochter Redsafe Bank und der Baloise mit ihrem Finanzportal Balfolio gelten. Finanzportale ermöglichen den vergleichsweise schnellen und kostengünstigen Eintritt in das Allfinanzkonzept.

Zusammenschlüsse bzw. **Übernahmen** sind in letzter Zeit der verbreitetste Weg gewesen, um Allfinanzkonzerne aufzubauen. Der Integrationsaufwand bei der Schaffung von konzernmässigen Allfinanzstrukturen im Anschluss an solche Transaktionen ist erheblich; so wird beispielsweise im Fall Allianz/Dresdner Bank mit 2 - 4 Jahren bis zum Abschluss des Prozesses gerechnet.

Konkret geht es dabei um die Integration von internen Abläufen und Systemen, dem Produktprogramm sowie des Vertriebsapparates. Zusammengeführt werden müssen in der Regel auch unterschiedliche Unternehmenskulturen.

Die Vorteile gegenüber dem Aufbau eigener Kapazitäten sind der des Zeitgewinns, die Übernahme einer intakten Kundenbasis und Marke, sowie die Verbesserung der Wettbewerbsposition. Offensichtlich ist, dass solche Zusammenschlüsse einen erheblichen Integrationsaufwand verursachen, der sich sowohl auf interne Abläufe und Systeme, das Produktportfolio sowie den Vertriebsapparat erstrecken muss. Auch müssen oftmals unterschiedliche Unternehmenskulturen verknüpft werden. Gegenüber dem Aufbau eigener Kapazitäten ist der Zeitgewinn bedeutsam, ebenso die Übernahme einer intakten Kundenbasis und die Verbesserung der Wettbewerbsposition (vgl. SCHIERENBECK/HÖLSCHER (1998)).

Abbildung 21 gibt einen Überblick über die bedeutendsten Allfinanztransaktionen der vergangenen Jahre.

Aus dem zeitlichen Bezug der einzelnen Transaktionen lässt sich auch sehr schön aufzeigen dass Allfinanz schon seit Beginn der 90-er Jahre auf strategischer Ebene ein zentrales Thema darstellt.

Jahr	Transaktionen	Transaktionsvolumen
März 2001	Allianz (D)/Dresdner Bank	30,7 Mrd. EUR
Nov. 2000	Allianz (D)/Nicholas-Applegate (USA)	1 Mrd. USD
Nov. 1999	Allianz (D)/Pimco (USA)	3,3 Mrd. USD
Juni 1999	Rentenanstalt (CH)/Banca del Gottardo (CH)	ca. 0,3 Mrd. CHF
Juni 1999	Lloyds TSB (GB)/Scottish Widows (GB)	0,7 Mrd. CHF
Feb. 1999	Aegon (NL)/Transamerica (USA)	11 Mrd. USD
Dez. 1998	Swiss Re (CH)/Fox-Pitt, Kelton Group (GB)	9,8 Mrd. USD
Sept. 1998	Zürich Versicherungen (CH)/Financial Services Business of B.A.T. (GB)	n.a.
1998	Generall Versicherungen (I)/Banca della Svizzera Italiana (CH)	n.a.
Juni 1998	Fortis (B)/Generale Banque (B)	14 Mrd. USD
April 1998	Travelers Group (USA)/Citicorp (USA)	75 Mrd. USD
Feb. 1998	Commercial Union (GB)/General Accident	11,7 Mrd. USD
Aug. 1997	Credit Suisse (CH)/Winterthur (CH)	9,5 Mrd. USD
Nov. 1996	Axa (F)/UAP (F)	9,2 Mrd. USD
1995	Zürich Versicherungen (CH)/Kemper Corporation (USA)	2 Mrd. USD
1994	Zürich Versicherungen (CH)/Rüd, Blass & Cie (CH)	n.a.
1991	Nationale-Nederlanden (NL)/NMB Postbank Groep (NL) → ING	n.a.

Abbildung 21: Die wichtigsten Allfinanztransaktionen

Für Allfinanzstrukturen lassen sich drei Entwicklungsstufen der Zusammenarbeit bzw. Annäherung von Banken und Versicherung unterscheiden, die zumindest zum Teil auch mit den geschilderten Basisstrategien (Kooperations- versus Konzernstrategien) verknüpft werden können (vgl. Abbildung 22). Die Entwicklungsstufen beziehen sich auf eine Zusammenarbeit im Vertrieb, eine Vereinheitlichung von Geschäftsprozessen im Vertrieb und in der Produktion sowie die Entwicklung integrierter Allfinanzprodukte.

	Entwicklungsstufe 1	Entwicklungsstufe 2	Entwicklungsstufe 3
	Zusammenarbeit im Vertrieb	Vereinheitlichung von Geschäftsprozessen im Vertrieb und in der Produktion	Entwicklung integrierter Allfinazprodukte
Kooperationsstrategien	×	(×)	
Konzernstrategien	×	×	×

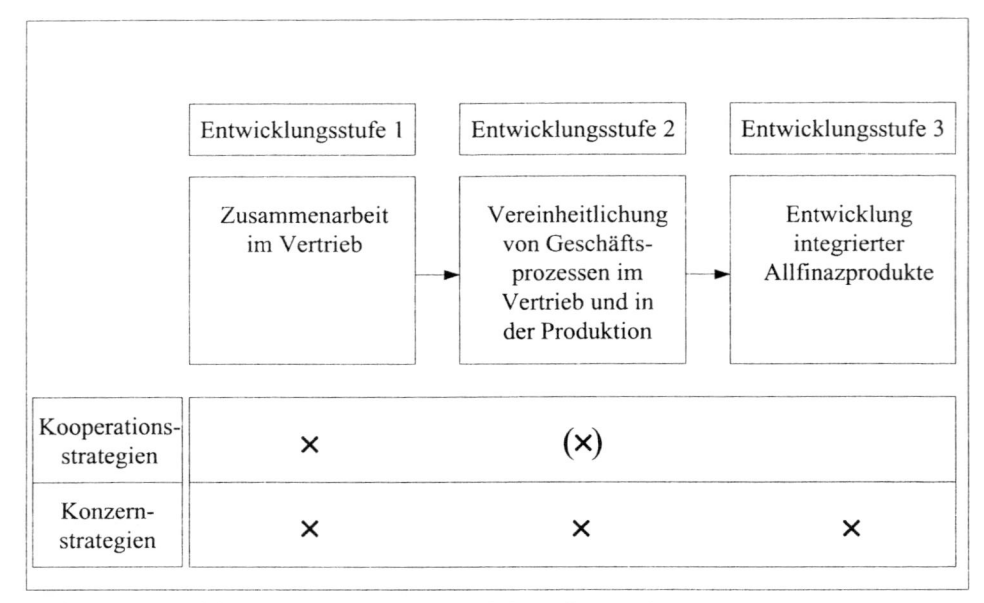

Abbildung 22: Entwicklungsstufen der Zusammenarbeit für Allfinanzstrukturen

Integrierte Finanzdienstleistungskonzerne lassen sich dadurch beschreiben, dass sie alle die Entwicklungsstufen durchlaufen haben. Speziell betreffend Stufe 3 gibt es keine Alternative zu einer Konzernstrategie.

Ob generell solche Konzernstrategien als insgesamt erfolgreich bezeichnet werden können, ist schwierig zu beurteilen. Zum einen lassen sich geglückte und weniger erfolgreiche Beispiele nennen (es kommt also offensichtlich nicht auf das „ob", sondern vor allem auf das „wie" an!). Zum anderen gibt es verschiedene empirische Untersuchungen aus dem Blickwinkel der Börsen und Analysten mit nicht eindeutigen Ergebnissen.

Eine kürzlich veröffentlichte Untersuchung (vgl. Abbildung 23) kommt immerhin in einem Performance-Risikovergleich von europäischen Branchenindizes zu dem Ergebnis, dass Allfinanzkonzerne (deren Muttergesellschaft eine Bank ist) gegenüber den reinen Bankenindizes ein dominant besseres Rendite-Risikoverhältnis aufweisen (vgl. AMARA/GRAF, S.34 ff.).

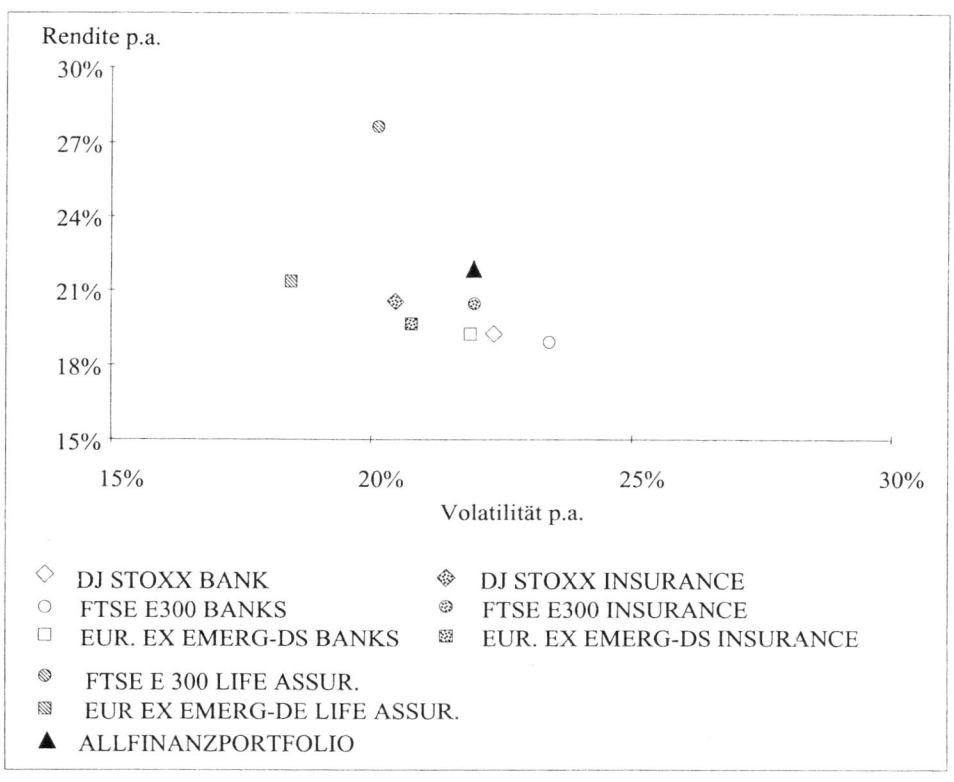

Abbildung 23: Performance-Risikovergleich von europäischen Branchenindizes
Quelle: AMARA/GRAF (2001), S. 36.
Kommentar: Die oben stehende Abbildung offenbart aus der Gegenüberstellung von (ex post) Rendite und Risiko das Verhältnis der Branchenindizes zum Allfinanzportfolio für den Untersuchungszeitraum. Dabei ist die annualisierte Durchschnittsrendite der Indizes auf der y-Achse über der Volatilität gemessen als Renditestandardabweichung aufgetragen.

Weiter kann festgehalten werden, dass eine Allfinanzstrategie sowohl einer reinen Bank- als auch einer reinen Versicherungslösung aus dem Blickwinkel der Wertgenerierung überlegen ist. Diese Dominanz bestätigt sich unter Berücksichtigung des Risikos auf Basis eines einfachen Performancemasses. Darüber hinaus kann festgestellt werden, dass die Volatilität des Allfinanzportfolios geringer ausfällt, als bei einem reinen Bankindex, jedoch grösser als die Volatilität der Versicherungsindizes. Es scheint somit offensichtlich, dass die Diversifikation in den Versicherungs- und Vorsorgebereich eine Ergebnisglättung zur Folge hat.

Inwieweit sich einzelne organisatorische Ausgestaltungen der Zusammenarbeit für eine über- oder unterdurchschnittliche Wertentwicklung verantwortlich zeigen, stützt zumindest die Vermutung, dass weniger die Kooperationsform, denn vielmehr der Kooperationsinhalt von zentraler Bedeutung ist. Die Betrachtung der wichtigsten Märkte zeigte, dass sich äusserst vielfältige Kooperationsformen mit unterschiedlichsten Inhalten je nach nationalen Gegebenheiten und regulatorischen Rahmenbedingungen herausgebildet haben. Folglich lässt sich auf Grund der Kooperationsform nicht per se auf den Kooperationsinhalt schliessen. Beispielsweise können Joint Ventures die unterschiedlichsten Aufgaben innerhalb einer Allfinanzkooperation erfüllen: Sie dienen als reine Vertriebsgesellschaft, entwickeln spezifische Versicherungsprodukte für den Bankkanal oder übernehmen als Asset-Management-Gesellschaft die Vermögensverwaltung der Kooperationspartner. Diese **Divergenz zwischen Kooperationsform und –inhalt** macht eine detailliertere Interpretation der Resultate schwierig. Dennoch bestätigen die Ergebnisse, dass der Erfolg einer Allfinanzstrategie wesentlich von der Umsetzung der Strategie, d.h. in der Gestaltung der Kooperationsinhalte und weniger in der Kooperationsform liegt (vgl. AMARA/GRAF (2001), S. 34 ff.).

Der **Wettstreit zwischen den Allfianzkonzepten kann generell als eröffnet bezeichnet werden**. Exemplarisch kann dies anhand der Fusion, respektive Kooperation von Allianz-Konzern/Dresdner Bank und Münchner Rück/HVB Group (Hypovereinsbank) in Deutschland aufgezeigt werden (vgl. MEIER (2001)).

Die Ausgangslage für den Wettstreit scheint fair zu sein, da beide Unternehmen klare Vorgaben gesetzt haben, die sie innerhalb der nächsten 5 Jahre (also bis 2006) erreichen wollen.

Dabei geht es in erster Linie um die Realisierung von Synergiepotentialen auf der **Ertragsseite**, da man sich durch den Vertrieb von Bankprodukten über die Distributionswege des Versicherungspartners und von Versicherungsprodukten durch Bankfilialen zusätzliche Einnahmen erhofft.

Auf der **Kostenseite** rechnet man durch die Zusammenarbeit mit erheblichen Einsparungen.

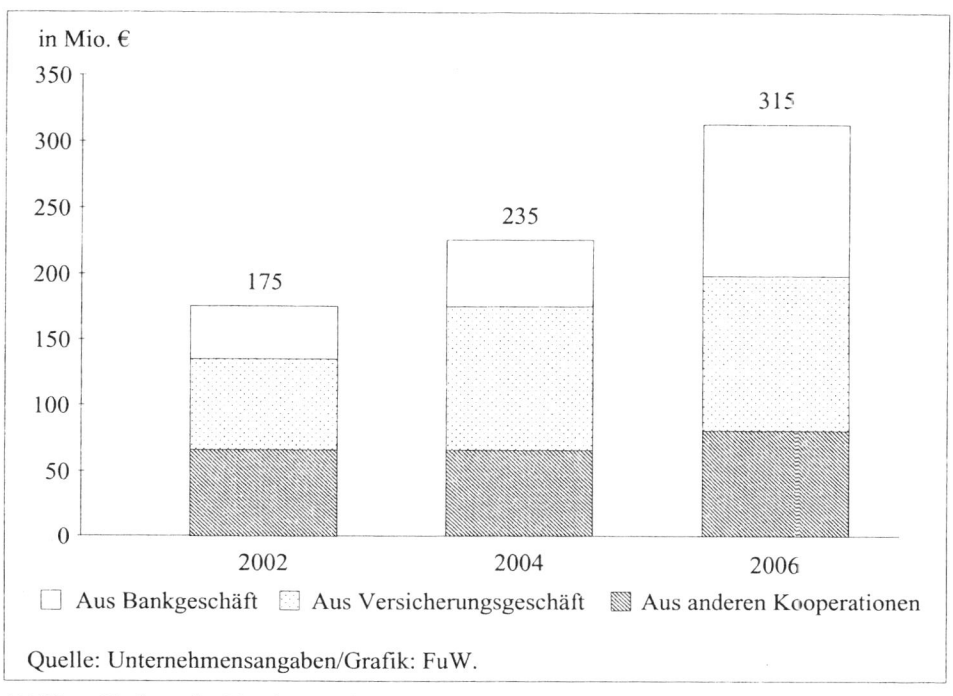

```
in Mio. €
350
                                                            315
300
250                              235
200              175
150
100
 50
  0
                2002            2004            2006
   ☐ Aus Bankgeschäft   ▒ Aus Versicherungsgeschäft   ▓ Aus anderen Kooperationen
Quelle: Unternehmensangaben/Grafik: FuW.
```

Abbildung 24: Synergien Münchner Rück/HVB Group

Die zu realisierenden Synergiepotentiale differieren jedoch zwischen den beiden Zusammenschlüssen erheblich. Allianz-Konzern/Dresdner Bank als eigentlicher Allfinanzkonzern rechnet bis 2006 mit jährlichen Synergien von 1,06 Mrd. €. Das von der Münchner Rück/HVB Group angestrebte Potential beläuft sich gerade mal auf 315 Mio. €. Auf den ersten Blick scheint sich somit eine vollständige Fusion stärker in erhöhten Synergiepotentialen auszuzahlen. Berechtigterweise kann jedoch die Frage in den Raum gestellt werden, ob hier gleiches mit gleichem verglichen wird. Die Münchner Rück/HVB Group bezifferte einen vergleichbaren Wert des Zusammenschlusses von Allianz-Konzern/Dresdner Bank im Bereich von gerade mal 406 Mrd. €.

Konkret wollen Allianz Konzern/Dresdner Bank 215 Mio. € Kosten sparen, die sie bis 2006, dank der Zusammenlegung ihrer IT und anderer Abteilungen, realisieren wollen. Bei diesem Betrag handelt es sich um eine Nettogrösse, die um die Restrukturierungskosten bereinigt wurde. Weiter will man im Bereich der Vermögensverwaltung bis zum Jahr 2006 weitere 230 Mrd. € an Einsparungen erreichen. Dieses Synergiepotential weist die Kooperation Münchner

Rück/HBV Group nicht auf, da ihre jeweiligen Vermögensverwaltungstöchter zu klein sind, um zusammengelegt zu werden.

In Mio. €

Jahr	Wert
2002	290
2004	680
2006	1060

☐ Aus Vertrieb (Bank und Versicherung) ☐ Aus Vermögensverwaltung
▨ Aus Zusammenlegung der IT, Organisation u.a.

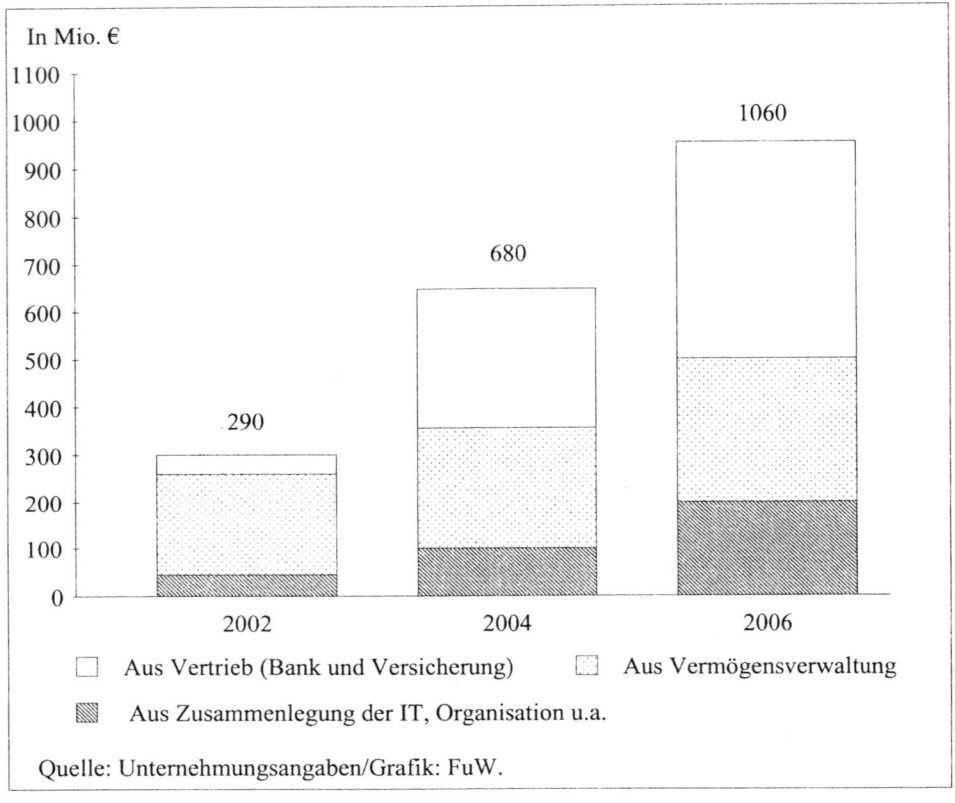

Quelle: Unternehmungsangaben/Grafik: FuW.

Abbildung 25: Synergien Allianz/Dresdner Bank

Es ist auffallend, dass Münchner Rück/HBV Group, die ja lediglich eine Zusammenarbeit anstreben, lediglich Ertragssynergien, jedoch (da keine Integration stattfindet) keine Kostensynergien plant.

Strebt man einen aussagekräftigen Vergleich zwischen diesen beiden unterschiedlichen gewählten Ansätzen an, so wäre es sinnvoll lediglich die Ertragssynergien zu berücksichtigen, d.h. man untersucht den Umfang des Neugeschäfts, das sich die Unternehmenspaare dank der Nutzung der Distributionskanäle ihres Partners erhoffen. Doch auch unter dieser Prämisse entscheidet die Kooperation Allianz-Konzern/Dresdner Bank das rennen klar für sich. Die Höhe der reinen Ertragssynergiepotentiale im Fall Allianz-Konzern/Dresdner kann mit rund

615 Mio. € beziffert werden, wohingegen dieser der Münchner Rück/HBV Group im Jahr 2006 lediglich bei 230 Mio. € zu liegen kommen wird.

Die in Deutschland auf Anfang Januar in Kraft tretende Rentenreform wird die gesetzten Strategien positiv beeinflussen. Man rechnet daher in Deutschland mit einem eigentlichen Boom für Lebensversicherungen und anderen Produkten der privaten Vorsorge. Daher ist der Zeitpunkt geradezu ideal, um mit einem Allfinanz-Ansatz weitere Marktanteile zu erobern.

In der Entwicklung der Börsenkapitalisierung hat sich der abzeichnende Erfolg des einen oder anderen Ansatzes noch nicht gross niedergeschlagen. Von Bekanntgabe der Strategien bis zum Jahresende 2001 blieben die Börsenkurse von Allianz, Münchner Rück und Hypovereinsbank annähernd unverändert. Also auch die Börsen haben offensichtlich ihre Mühe, die Vorteilhaftigkeit eines Ansatzes gegenüber dem anderen zu erkennen und zu bewerten. Weitere Kursbewegungen infolge der differierenden Allfinanz-Strategien sind erst zu erwarten, wenn sich abzeichnet, welches Konzept sich besser bewährt und vorteilhafter operationalisieren lässt. Im ersten Teil des Börsenjahrs 2002 schien die Börse die Vorteilhaftigkeit von Allianz-Konzern/Dresdner Bank höher zu bewerten als die Kooperation von Münchner Rück und der HBV Group. Fundamentale Aussagen lassen sich jedoch erst nach einer längeren Beobachtungszeit plausibilisieren und sind immanent mit der Konsequenz der Umsetzung der Strategien durch das Management verbunden.

III. Die Erfolgsfaktoren im Allfinanzgeschäft

Zur Identifikation erfolgreicher Allfinanz-Geschäftsmodelle können drei Managementbereiche mit deutlich unterschiedlichen Anforderungsprofilen voneinander abgegrenzt werden:

- Allfinanz im Vertrieb,
- Allfinanz im Portfoliomanagement,
- Allfinanz in der Produktion.

Vertikal vollständig integrierte Allfinanzkonzerne zeichnen sich durch eine intensive Verzahnung aller drei Bereiche und damit durch ein Geschäftsmodell aus, das die gesamte Wertschöpfungskette von Finanzdienstleistungen systematisch bearbeitet.

Es gibt aber auch zahlreiche Beispiele für eine Aufspaltung der Wertschöpfungskette und damit eine Spezialisierung auf einen der drei Managementbereiche. Gerade im Vertrieb von

3V-Produkten drängen zunehmend auch bank- und versicherungsfremde Anbieter auf den Markt. Ganz zu schweigen von den unabhängigen Finanzvertrieben, die in bezug auf nachhaltiges Umsatzwachstum, Banken und Versicherungen um ein Mehrfaches übertreffen.

Somit lassen sich nun die Haupterfolgsfaktoren, welche zusammenfassend in Abbildung 26 dargestellt wurden, in den drei identifizierten Managementbereichen von Allfinanzunternehmen definieren (vgl. SCHIERENBECK/HÖLSCHER (1998) und UBS AG (2001), S. 9):

Managementbereiche von Allfinanzunternehmen und deren Erfolgsfaktoren

Allfinanz im Vertrieb	Allfinanz im Portfoliomanagement	Allfinanz in der Produktion

Erfolgsfaktoren
• unbedingter Kundenfokus
• Angebot eines breiten Spektrums von Vertriebskanälen:
  - Filialsystem
  - Aussendienstberater
  - Online-/Web-Systeme
• Bündelung von bedürfnisgerechten, nicht ausschliesslich produzentengebundenen Leistungspaketen
• Sicherstellung der Beratungskompetenz am „Point of Sale":
  - Kundenberater
  - „Beratungs-Tools"
	Erfolgsfaktoren
	• Innovationsführerschaft bei 3V-Produkten und konsequente Markenpolitik
	• Nutzung von Synergiepotentialen zwischen Bank- und Versicherungs-Know-How
	  - Kollektivgeschäft
	  - Corporate Banking
	  - Institutionelles Asset Management
	• Erweiterung des Produktangebotes entlang der Wertschöpfungskette
		Erfolgsfaktoren
		• Kostenführerschaft durch höchstmögliche Skaleneffekte und Automatisierung im technisch-administrativen Bereich
		• Einsatz von e-Business-Modellen zur internen Produktivitätssteigerung
		• Qualitätsführerschaft in den Abwicklungsprozessen

⇓	⇓	⇓
Best Advice-Konzept	Best Performance-Konzept	Best Execution Price-Konzept

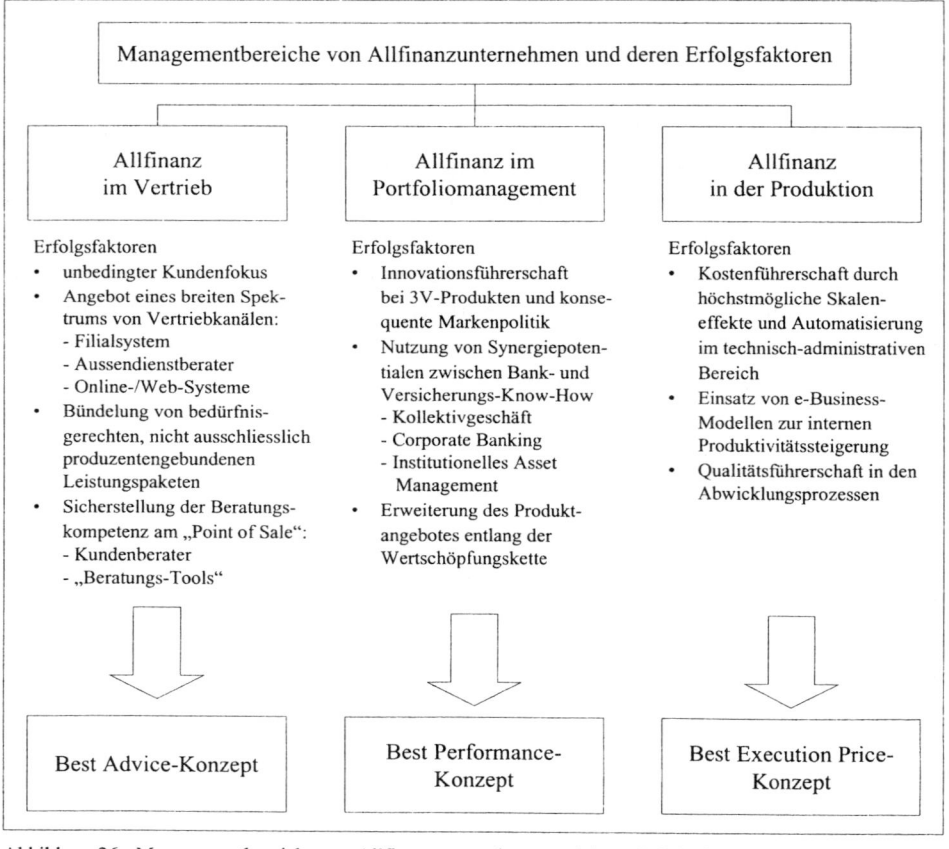

Abbildung 26: Managementbereiche von Allfinanzunternehmen und deren Erfolgsfaktoren

- Die konsequente Kundenorientierung im Vertrieb ist der wohl letzlich alles entscheidende Erfolgsfaktor für Allfinanzkonzepte. Dazu gehört zum einen die Bündelung von bedürfnisgerechten Leistungspaketen am „Point of Sale". Eine zentrale Rolle fällt dabei den Kundenberatern zu – gegebenenfalls unter Beizug von Produktspezialisten. Als Standard für eine objektive, an den Kundenbedürfnissen ausgerichtete Beratung gilt immer mehr die Umsetzung des **„Best-Advice"-Konzepts**. Es liefert den Kunden eine umfassende

- Im Portfoliomanagement von Allfinanzunternehmen steht eine innovative, an Transparenz und Performance für den Kunden orientierte Produktgestaltung im Vordergrund. Bank- und Versicherungsprodukte können sich hier mit Gewinn gegenseitig befruchten (**„Best Performance"-Konzept**)

- In der Produktion von Allfinanzprodukten geht es schliesslich in erster Linie um Kostenführerschaft als entscheidender Erfolgsmassstab. Allfinanzstrategien ermöglichen trotz regulatorischer Hemmnisse vielfältige Synergien im technisch-administrativen Bereich, die es konsequent zu heben gilt. Als besonders vielversprechend gilt der verstärkte Einsatz von e-Business-Modellen zur internen Produktivitätssteigerung. Sie sind eine wichtige Voraussetzung für die Umsetzung des **„Best-Price"-Konzepts** bei der Abwicklung von Finanzdienstleistungstransaktionen.

C. Banken oder Versicherungen: Wer wird gewinnen?

Grundsätzlich gilt, dass **Banken** im Evolutionsprozess zu einem integrierten Finanzdienstleistungskonzern über einen wichtigen „**Startvorteil**" verfügen, da sie im Vertrieb schon seit längerem nach Kundensegmenten organisiert sind. Die **Versicherungen** mit ihrer starken **Produktorientierung** offenbaren tendenziell noch ein eher **traditionelles Vertriebsverständnis**.

Entscheidend wird aber in Zukunft sein, dass die „Gewinner" es schaffen, die **Marktbereiche konsequent kundenorientiert auszugestalten**:

- Produktion und Produkte sind dem Marktbereich organisatorisch konsequent unterzuordnen,
- die Kundenbedürfnisse (im Lebenszyklus) haben im Mittelpunkt zu stehen,
- der Kunde kann zwischen alternativen Vertriebskanälen frei wählen (Multi Channel Distribution),
- Ergebnisverantwortung für die gesamte Kundenbeziehung löst produktbezogene Umsatzvorgaben ab.

Des weiteren muss es ihnen gelingen, eine globale „Investment- and Insurance"-Kompetenz aufzubauen:

- auf dem Kapitalmarkt und bei Altersvorsorgeprodukten haben die (nachweisbaren) Kernkompetenzen zu liegen,
- Versicherungsprodukte sind insofern nur als integrale Bestandteile eines modulmässig aufgebauten Allfinanzproduktangebots zu sehen,
- die erheblichen, traditionell geprägten Kulturunterschiede zwischen Banken und Versicherungen, sind zu Gunsten einer neuen (übergeordneten) Finanzdienstleistungskultur aufzuheben.

Abbildungsverzeichnis

		Seite
Abbildung 1:	Produktgruppen im Rahmen der privaten Vermögensverwaltung	5
Abbildung 2:	Struktur der Geldvermögensbildung privater Haushalte (einschliesslich private Organisationen ohne Erwerbszweck)	6
Abbildung 3:	Geldvermögen der privaten Haushalte in Deutschland	8
Abbildung 4:	Wachstumsmärkte im privaten Geldvermögen in Deutschland	9
Abbildung 5:	Anteil der Wachstumsmärkte am Geldvermögen in Deutschland	10
Abbildung 6:	Anteil der Anlagearten am gesamten Geldvermögen in der EU unter den privaten Haushalten in den fünf bevölkerungsreichsten Ländern	11
Abbildung 7:	Anteil der Wachstumsmärkte am Geldvermögen unter den privaten Haushalten in den bevölkerungsreichsten EU-Ländern	12
Abbildung 8:	Struktur der Prämien im Lebensversicherungsgeschäft	13
Abbildung 9:	Rentensysteme in der Europäischen Union	14
Abbildung 10:	Nichtlebenprämien und Lebenprämien pro Kopf,	15
Abbildung 11:	Bevölkerung im Alter ab 65 Jahren im Verhältnis zu den 20- bis 64-jährigen	16
Abbildung 12:	Anzahl erwerbstätige Personen im Alter von 55 – 64 Jahren von 100	17
Abbildung 13:	Anteil der über-60-jährigen an den Erwerbspersonen in der EU (in %)	18
Abbildung 14:	Anteilsmässige Verteilung der Bevölkerung nach vier Altersgruppen	19
Abbildung 15:	Struktur der Alterssicherung im internationalen Vergleich	20
Abbildung 16:	Zuflüsse in die staatlich geförderte Altersvorsorge (in Mrd. Euro)	21
Abbildung 17:	Marktanteile der Bank Assurance bei Lebensversicherungen	25
Abbildung 18:	Marktanteile der Vertriebsorganisation	27
Abbildung 19:	Allfinanzstrategie am Beispiel der AMG Generali / Commerzbank.	30
Abbildung 20:	Allfinanzkooperation am Beispiel der Zusammenarbeit der Zurich Financial Services mit der Deutschen Bank	31
Abbildung 21:	Die wichtigsten Allfinanztransaktionen	33
Abbildung 22:	Entwicklungsstufen der Zusammenarbeit für Allfinanzstrukturen	34
Abbildung 23:	Performance-Risikovergleich von europäischen Branchenindizes	35
Abbildung 24:	Synergien Münchner Rück/HVB Group	37
Abbildung 25:	Synergien Allianz/Dresdner Bank	38
Abbildung 26:	Managementbereiche von Allfinanzunternehmen und deren Erfolgsfaktoren	40

Literaturhinweise

AMARA, S./GRAF, S: Im Spiegel der Börsen, in: Schweizer Bank, 2001/9, S. 34 ff.

BERENBERG BANK: Sektoranalyse Finanzdienstleister, 2001.

DEUTSCHE BUNDESBANK: Monatsberichte, Juni 2001.

DEUTSCHES INSTITUT FÜR ALTERSVORSORGE: Altersvorsorge und Investmentfonds – ein internationaler Vergleich, 1999.

DRESDNER BANK: Trends Spezial, Die Märkte für Altersvorsorgeprodukte in Europa, Juli 2001.

MEIER D.: Der Wettstreit zwischen den Allfinanzkonzernen ist lanciert, in: Finanz und Wirtschaft, 22.12.2001, S. 34.

OECD: Work-force ageign in OECD countries, Employment Outlook, 2000.

SCHIERENBECK, H./HÖLSCHER, R.: Bank Assurance, 4. Auflage, Stuttgart 1998.

SCHIERENBECK, H.: Ertragsorientiertes Bankmanagement, Band 1: Grundlagen, Marktzinsmethode und Rentabilitäts-Management, Band 2: Risiko-Controlling und Bilanzstruktur-Management, 7. überarbeitete und erweiterte Auflage, Wiesbaden 2001.

SWISS RE: Sigma, Nr. 3/1993.

SWISS RE: Sigma, Nr. 3/2001.

UBS AG: UBS Investment, April 2001.

WARTH, W.P.: Die weitere Entwicklung der Allfinanz und ihre Konsequenzen für Banken und Versicherungsunternehmen, in: Integration von Finanzdienstleistungen, Hrsg. Habs Corsten und Wolfgang Hilke, Wiesbaden 1999, S. 119-153.

Kapitalgedeckte Altersvorsorge – Wer macht das Geschäft: Banken oder Versicherungen?

Peter Angehrn
Member of the Executive Board
Winterthur Life & Pensions

Gliederung

                              Seite

A. Einleitung 47

B. Grundlagen der kapitalbildenden Altersvorsorge – Das 3-Säulen-System der Schweiz ... 48

C. Berufliche Vorsorge 50
    I. Versicherungslösungen 52
    II. Bankenlösungen 53
    III. Gegenüberstellung Bank – Versicherung 55
    IV. Banken- und Versicherungslösung aus einer Hand 56

D. Private Vorsorge 58

E. Charakteristika unterschiedlicher Kanäle 60
    I. Versicherungsagenten 60
    II. Bankenkanal 61
    III. Broker und unabhängige Finanzberater 62

F. Entwicklungstendenzen 64
    I. Gesellschaft 64
    II. Kunden 65
    III. Konkurrenten 65
    IV. Technologie 66

G. Strategische Antwort der Winterthur Life & Pensions 67

H Fazit 70

Abbildungsverzeichnis 71

A. Einleitung

„Kapitalgedeckte Altersvorsorge – Wer macht das Geschäft: Banken oder Versicherungen?" Der Vorsorgemarkt ist ein interessanter Wachstumsmarkt. Dies trifft zu, nicht nur für die Schweiz, sondern für die meisten entwickelten Länder. Die Gründe dafür sind vielschichtig: Die durchschnittliche Lebenserwartung steigt, und der Lebensabschnitt nach der aktiven Erwerbsphase wird länger. Hinzu kommen die finanziellen Schwierigkeiten, mit denen viele staatliche Vorsorgeeinrichtungen konfrontiert sind. So entwickelt sich ein interessanter Markt, in welchem Banken und Versicherungen eine wichtige Rolle spielen.

B. Grundlagen der kapitalbildenden Altersvorsorge – Das 3-Säulen-System der Schweiz

Staatliche, berufliche und Selbstvorsorge – auf diesem 3-Säulen-Prinzip basiert die soziale Sicherheit in der Schweiz (vgl. Abbildung 1). Die staatliche Vorsorge dient der Existenzsicherung. Sie soll die finanziellen Grundbedürfnisse bei Alter, Tod und Invalidität abdecken. Die berufliche Vorsorge soll zusammen mit den Leistungen aus der ersten Säule die Fortsetzung der gewohnten Lebenshaltung in angemessener Weise ermöglichen. In vielen Fällen wird dieses Ziel allerdings nicht erreicht und es bleibt eine Vorsorgelücke bestehen, welche mit Hilfe der dritten Säule gedeckt werden kann. Im Gegensatz zur ersten und zweiten Säule ist das Ansparen von Kapital in der dritten Säule freiwillig und kann individuell gestaltet werden. Dabei wird unterschieden zwischen gebundener (Säule 3a) und freier Selbstvorsorge (Säule 3b).

Wir befassen uns in der Folge mit den zwei Säulen, welche durch langfristigen Kapitalaufbau finanziert werden.

Das 3-Säulenprinzip

1. Säule	2. Säule	3. Säule
AHV/IV	BVG/UVG	Gebundene Vorsorge
		Freie Vorsorge
Staatliche Vorsorge	Berufliche Vorsorge	Selbstvorsorge
	• Sammelstiftungen • Firmeneigene Lösung • Verbandslösung	• Lebens-/Rentenversicherung • Konto/Depot

Kapitalgedeckte Altersvorsorge

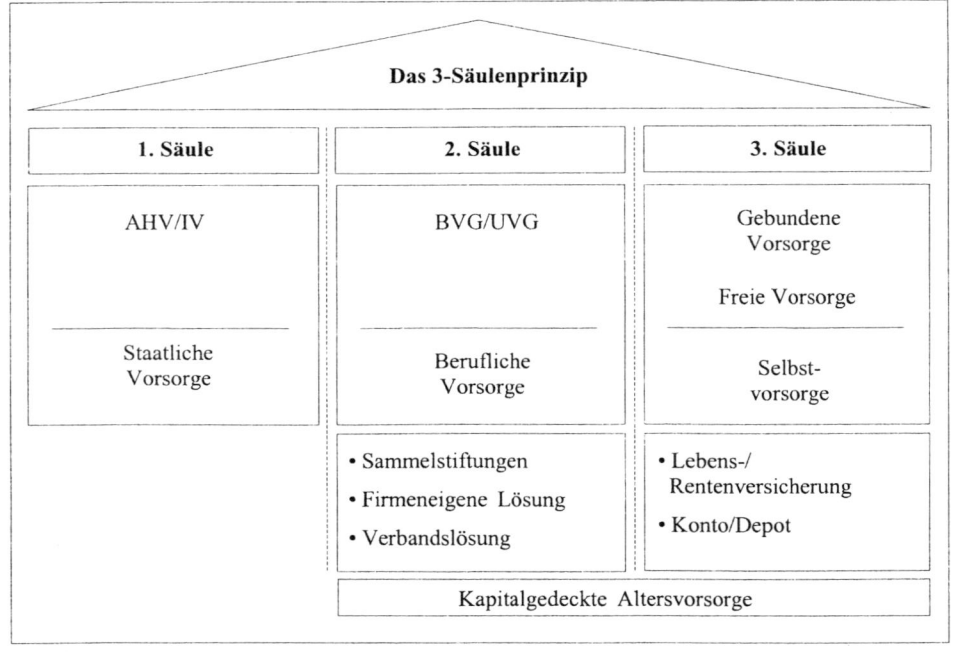

Abbildung 1: Kapitalgedeckte Altersvorsorge

Die Vorsorgelösungen der zweiten Säule, der beruflichen Vorsorge, umfassen viele verschiedene Leistungsbereiche. Wir unterscheiden drei grundsätzlich verschiedene Lösungen, nämlich die Sammelstiftungen der Banken und Versicherungen, autonome, bzw. teilautonome Pensionskassen sowie Vorsorgeeinrichtungen durch Berufsverbände. Bei der ersten Art, den Sammelstiftungen, können Banken und Versicherungen alle Leistungsbereiche abdecken. Bei den andern beiden Lösungen umfasst ihr Angebot einzelne Elemente. Neben Banken und Versicherungen gibt es aber eine Reihe weiterer Anbieter im Geschäft der beruflichen Vorsorge. Insbesondere seit Einführung des BVG-Obligatoriums im Jahre 1985 drängen Vermögensverwalter, Broker, Beratungsfirmen, Softwarefirmen etc. auf den Markt. Sie bieten teils spezifische Dienstleistungen, teils umfassende Lösungen an. Für einen Anbieter sind mit diesem Geschäft allerdings oft hohe Kosten und Risiken verbunden.

In der dritten Säule, der privaten Selbstvorsorge, unterscheiden wir Banken- und Versicherungslösungen. In der privaten Vorsorge liegen die grössten Wachstumschancen. Hier ist entsprechend auch der Wettbewerb am intensivsten, nicht zuletzt, weil der Markteintritt für Vertriebsorganisationen und Produkt-Lieferanten einfacher ist.

C. Berufliche Vorsorge

	Aufgaben der Firmen	Bedürfnisse der Firmen
Anlage	- Anlagestrategie - Vermögensverwaltung - Liquiditätsmanagement - Mindestverzinsung von 4%	- Performance/Sicherheit - Verpflichtungen gegenüber den Mitarbeitern erfüllen zu können
Risiko	- Risiken Tod und Invalidität	- Absicherung der Leistungsverpflichtungen (Kosten/Risiko)
Beratung	- Optimales Vorsorgekonzept	- Für die Grösse und Bedürfnisse der Firma optimale Lösungen entwickeln
Durchführung	- Administration	- Effizienz
Information	- Information über Anlageperformance - PK-Ausweis für die Mitarbeiter	- Transparenz - Effizienz

Abbildung 2: Berufliche Vorsorge – Kundenbedürfnisse

Die Firmen, respektive deren Vorsorgeeinrichtungen, sind aufgefordert, im Rahmen des BVGs eine Vielzahl von Aufgaben wahrzunehmen. Sie müssen ihre Anlagestrategie definieren, eine professionelle Vermögensverwaltung aufbauen, sich um ein funktionierendes Liquiditätsmanagement kümmern und vor allem den gesetzlichen Auflagen nachkommen. Die Spargelder der Versicherten sind mindestens zu 4% zu verzinsen. Dies stellt gerade in der heutigen Zeit eine grosse Herausforderung dar.

Die Verpflichtung der Vorsorgeeinrichtung gegenüber den Mitarbeitern umfasst aber nicht nur die Verzinsung des Sparkapitals, sondern auch die Abdeckung der Risiken Tod und Invalidität.

Vorsorgeeinrichtungen, welche diese Risiken nicht selbständig tragen können oder wollen, benötigen einen Versicherer, der dieses Risiko übernimmt. Neben den Lebensversicherungsgesellschaften bieten auch Sachversicherungen und Rückversicherer verschiedene Risikolösungen an.

Entsprechend der Grösse und der spezifischen Bedürfnisse einer Firma, ist die optimale Vorsorgelösung zu finden. Hier spielen gesetzliche, versicherungstechnische, mathematische und organisatorische Fragen eine wichtige Rolle.

Anspruchsvoll sind schliesslich auch die Administration einer Pensionskasse sowie das gesamte Informationswesen. Es gilt Bilanz und Erfolgsrechnung zu erstellen, die Versicherten über Anlageperformance zu informieren und für sie die persönlichen Versicherungsausweise zu produzieren.

Die paritätisch aufgebaute Vorsorgekommission der Arbeitnehmer und -geber muss sich entscheiden, wie sie ihre Vorsorgelösung in der 2. Säule ausgestalten möchte (vgl Abbildung 3). Zur Auswahl stehen vier verschiedene Varianten, die Gründung einer eigenen Vorsorgeeinrichtung oder der Anschluss an eine Banken-, Versicherungs- oder Verbandslösung.

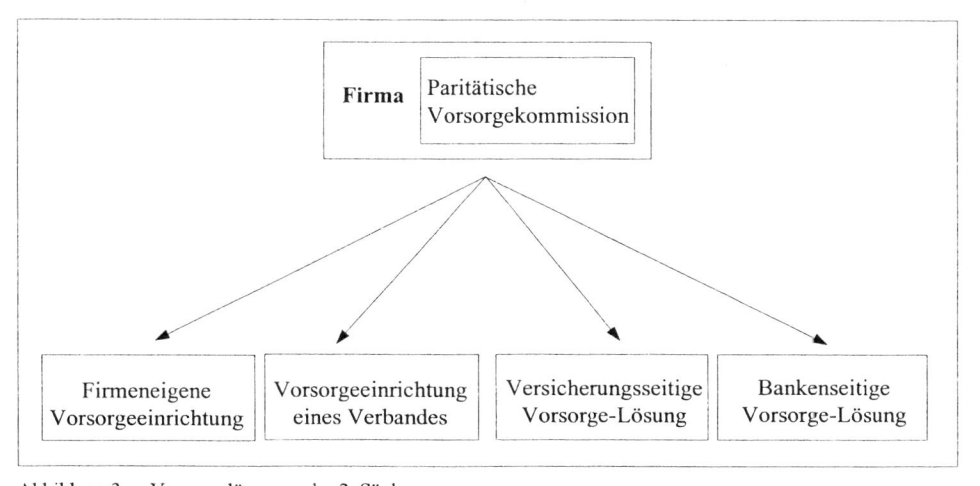

Abbildung 3: Vorsorgelösungen der 2. Säule

I. Versicherungslösungen

```
┌─────────────────────────────────────────────────────────────────┐
│               Volle Delegation der Anlageverantwortung          │
│                                                                 │
│   ┌──────────────┐       Delegiert          ┌────────────────┐  │
│   │    Firma     │──── Anlageverantwortung ─▶│ Versicherung   │  │
│   │              │                          │                │  │
│   │ Paritätische │                          │Legt Vorsorge-  │  │
│   │ Vorsorge-    │◀──── Garantiert ─────────│Kapital in ihrem│  │
│   │ kommission   │     festen Zinssatz      │Sicherungs-     │  │
│   │              │                          │fonds an        │  │
│   │              │◀── evtl. Risikoabdeckung │                │  │
│   │              │     wie Tod, Invalidität │                │  │
│   └──────────────┘                          └────────────────┘  │
└─────────────────────────────────────────────────────────────────┘
```

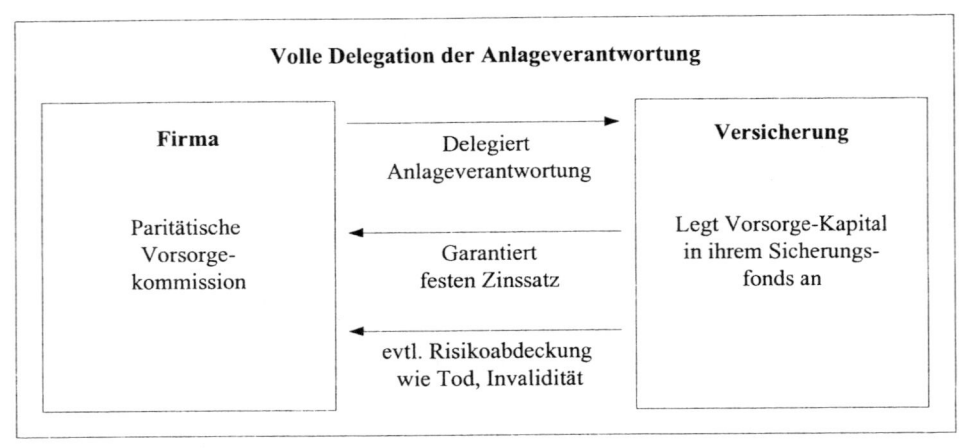

Abbildung 4: Vorsorgelösungen der 2. Säule/Versicherungslösung

Entscheidet sich die Firma für eine Versicherungslösung, wird der Versicherung die volle Anlageverantwortung übertragen. Die Versicherungsgesellschaft legt das Vorsorgekapital in ihren Sicherungsfonds. Das breit gestreute Portefeuille des Sicherungsfonds der jeweiligen Versicherungsgesellschaft unterliegt den strengen Vorschriften des BVG. Die Versicherungsgesellschaft leistet eine garantierte Verzinsung und entlastet somit die Unternehmung von ihrer Pflicht, den Mitarbeitern eine 4%-Verzinsung auf dem Alterskapital zu erbringen. Zusätzlich können bei einer Lebensversicherung die Risiken Tod und Invalidität über den gleichen Vertrag abgesichert werden. Die entsprechenden Vorsorgeleistungen für diese Risiken werden dann ebenfalls von der Versicherung übernommen.

II. Bankenlösungen

Mitbestimmung der Anlagestrategie

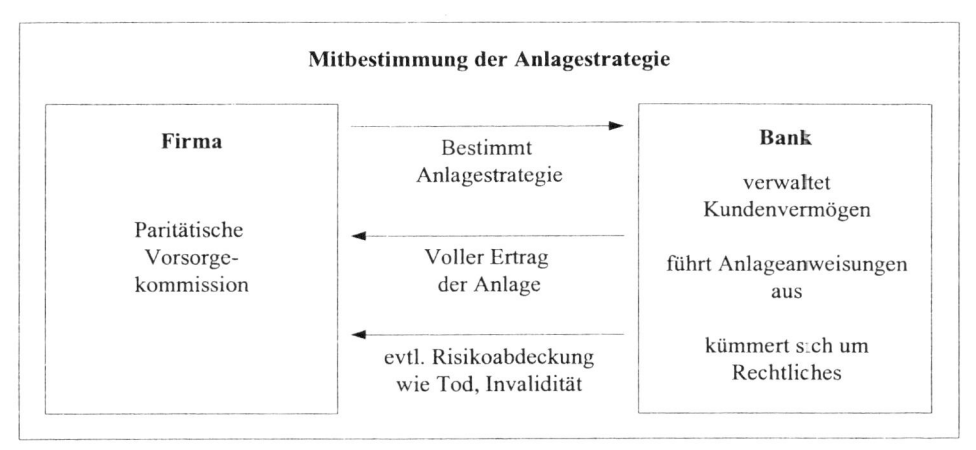

Firma		Bank
Paritätische Vorsorgekommission	Bestimmt Anlagestrategie →	verwaltet Kundenvermögen
	← Voller Ertrag der Anlage	führt Anlageanweisungen aus
	← evtl. Risikoabdeckung wie Tod, Invalidität	kümmert sich um Rechtliches

Abbildung 5: Vorsorgelösungen der 2. Säule/Bankenlösung – Mitbestimmung

Bei der Bankenlösung behält die Firma bei der Festlegung ihrer Anlagestrategie ein Mitbestimmungsrecht. Die Bank führt die Anlageanweisungen der Firma aus, verwaltet die Vorsorgekapitalien und überprüft, ob bei der gewünschten Anlagestrategie der Firmen der rechtliche Rahmen der BVG-Auflagen eingehalten wird. Der gesamte Ertrag der Anlage wird an die Firma übertragen. Falls gewünscht, werden auch hier die Risiken Tod und Invalidität über eine Versicherungsgesellschaft abgesichert.

Lassen Sie mich ein Beispiel einer Bankenlösung geben: Beim „Client Invest" der Winterthur-Columna bestimmt die Firma ihre Anlagestrategie selbst. Für jede Firma wird ein eigenes Konto und Depot geführt und gemäss der individuellen Anlagestrategie im Rahmen der gesetzlichen und reglementarischen Vorschriften bewirtschaftet. Die Anlagen können dabei von der Firma selbst getätigt oder an die Anlagespezialisten der Bank delegiert werden. Allenfalls kann durch den langfristigen Anlagehorizont der Vermögenszuwachs auf dem Vorsorgekapital substanziell verbessert werden. Die erwirtschafteten Kapitalerträge werden vollumfänglich der Vorsorgeeinrichtung der einzelnen Firma gutgeschrieben. Die Anlagepolitik muss von der Vorsorgeeinrichtung, respektive der Personalvorsorge-Kommission, definiert werden. Hier ist die Risikobereitschaft und Risikofähigkeit zu berücksichtigen, denn anders als bei der Versicherungslösung kann der garantierte Mindestzinssatz von derzeit 4% nicht in Anspruch genommen werden.

Die Anlagestrategie kann auch an die Credit Suisse-Anlagestiftung übertragen werden. Die Anlagen können dabei in sogenannte Mischvermögen investiert werden. Eines dieser Mischvermögen ist der CSA MIXTA-BVG 35, bei welchem ein durchschnittlicher Aktienanteil von 35% gegeben ist.

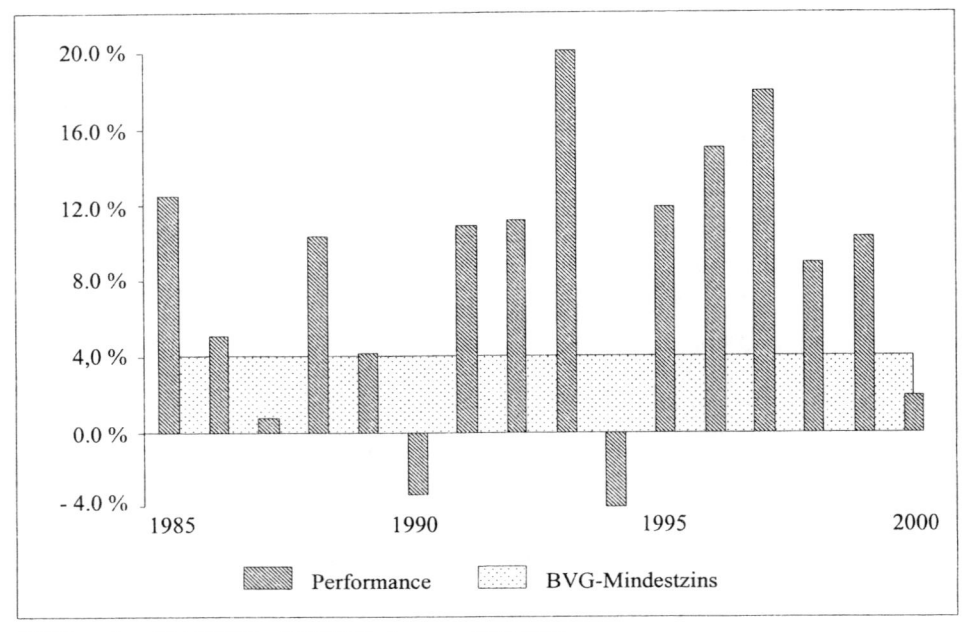

Abbildung 6: CSA MIXTA – BVG 35 Performance 1985–2000

Die historische Betrachtung des CSA MIXTA-BVG 35 zeigt, dass die durchschnittliche Performance 7,8% erreicht hat. Bei einem durchschnittlichen Aktienanteil von 35% ist die Performance jedoch erheblichen Schwankungen ausgesetzt. Die Firmen müssen daher bereit sein, auch einmal eine negative Performance in einem schlechten Börsenjahr einzukalkulieren. Dies können sie aber nur, wenn neben der Risikobereitschaft auch die Risikofähigkeit vorhanden ist. Das heisst, es müssen Reserven vorhanden sein, um diese Schwankungen auffangen zu können.

III. Gegenüberstellung Bank – Versicherung

Versicherungsseitige Vorsorge-Lösung	Bankenseitige Vorsorge-Lösung
• Erwerb von Leistungsversprechen • Volle Delegation der Anlageverantwortung • Volle Delegation der Anlagetätigkeit • Nominalwertgarantie und Mindestzinsgarantie • Liquiditätsgarantie	• Transparente Anlage von Sparbeiträgen • Selbstverantwortung • Selbstbestimmung der Anlagestrategie oder Delegation • Performanceorientierte Anlagen (ohne Garantien) • Liquiditätsplanung
⬇ **Sicherheit**	⬇ **Transparenz**

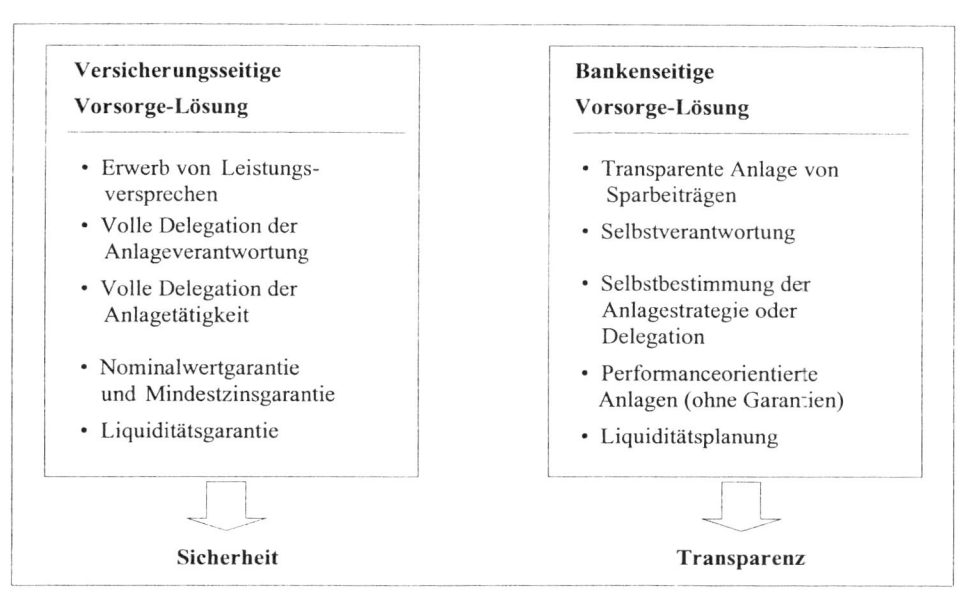

Abbildung 7: Vorsorgelösungen der 2. Säule/Gegenüberstellung Bank – Versicherung

Eine Gegenüberstellung der Banken- und Versicherungslösung zeigt nochmals die Kernpunkte und Merkmale der jeweiligen Lösung.

Bei der Versicherungslösung delegiert die Personalvorsorge-Kommission die Anlageverantwortung und die Anlagetätigkeiten an die Versicherungsgesellschaft. Das Risiko einer Nominalwert-, Mindestzins- und Liquiditätsgarantie wird somit vom Vorsorgewerk auf die Versicherungsgesellschaft übertragen. Somit sind die Leistungen im Alters-, Invaliditäts- und Todesfall für die einzelnen Versicherten gewährleistet. Vorsorgeeinrichtungen tragen mit einer Versicherungslösung keine Anlagerisiken und wissen, dass die Vorsorgeleistungen für ihre Mitarbeiter jederzeit gewährleistet sind.

Bei der Bankenlösung möchte die Vorsorgeeinrichtung ihr Vorsorgekapital performanceorientiert anlegen. Die Anlagestrategie kann dabei von der Vorsorgeeinrichtung in Eigenverantwortung selbst bestimmt oder an die professionelle Anlageverwaltung der Bank delegiert werden. Die Bank übernimmt auch die Liquiditätsplanung. Das Motiv für die Wahl einer Bankenlösung ist Transparenz.

IV. Banken- und Versicherungslösungen aus einer Hand

Anlagen verteilt auf beide Systeme	Kombination von Bank und Versicherung	
Winterthur-Columna	Wincombi	Wincombi
Asset Insurance / Individual Assets	Asset Insurance / Individual Assets	Asset Insurance / Individual Assets

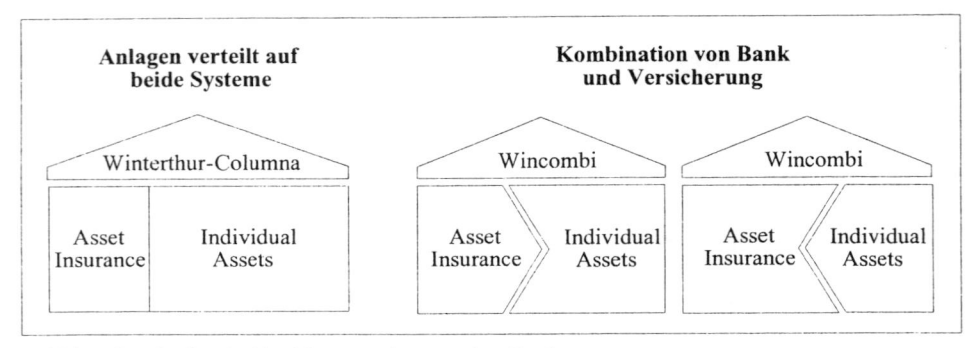

Abbildung 8: Bank- oder Versicherungsanlage aus einer Hand

Die Winterthur Leben öffnet ihren Vertragspartnern neue Horizonte in der beruflichen Vorsorge. Bank- und versicherungsspezifische Lösungen verschmelzen zu einem ganzheitlichen Konzept aus einer Hand. Das heisst, die Anlagen können auf beide Systeme, nämlich auf das System Asset Insurance (das Versicherungssparen) und das System Individual Assets (das Banksparen) verteilt werden. Beide Anlagestrategien, die Banken- und die Versicherungslösung, sind so unter einem Dach realisierbar. Der Kunde profitiert von einer optimalen Mischung aus Sicherheit und Rendite, die zudem auch einen Strategiewechsel ohne gleichzeitigen Partnerwechsel erstmals möglich macht.

Bei Bedarf und veränderten Verhältnissen disponieren die Vorsorgeeinrichtungen „Wincombi" problemlos nach Ihren Bedürfnissen um. Mit diesem Produkt lässt sich jede bestehende Vorsorgelösung gezielt optimieren. Anlagewechsel können monatlich vollzogen werden. Damit stehen dem Kunden alle Optionen offen und die Anlage der Vorsorgegelder lässt sich aktiv beeinflussen. Während auf dem Anlageteil in der Bankenlösung die Chancen auf eine hohe Rendite genutzt werden, profitiert der Kunde auf dem Anlageteil in der Versicherungslösung von den Garantien und Sicherheiten.

Kundenbedürfnisse/ Marktleistungsbereiche	Produkteelemente						
Anlage	Versicherungssparen (Asset Insurance)		Kombiniertes Sparen (Wincombi)		Banksparen (Individual Assets)		
	Classic	Special-Profile			Group-Invest	Client-Invest	
Risiko	Solidarische Risikogemeinschaft	Selbständige Risikogemeinschaft					
Beratung	Vorsorgekonzept	Versicherungskonzept	Gesamtberatung	Informatikberatung	Gutachten		
Durchführung	Versicherung	Vorsorge			Spezielle Zusatzdienstleistungen (Informatik)		
Information	Kundenordner	• Reglemente • Persönliche Ausweise	Personalorientierung	Publikationen	Kontoauszug	• Bilanz • Betriebsrechnung	Wertschriftenverzeichniss
Solidarität							→ Individualität

Abbildung 9: Produktkonzept Winterthur-Columna

Das Produktkonzept der Winterthur-Columna beruht auf einem modularen System. Die Basis bilden die bereits erwähnten Kundenbedürfnisse Anlage, Risiko, Beratung, Durchführung und Information. Jedes dieser Kundenbedürfnisse kann gesondert betrachtet werden. Für jedes dieser Bedürfnisse bestehen verschiedene Produktelemente, die frei gewählt und ausgestaltet werden können.

Die wirtschaftliche, aber auch sozialpolitische Bedeutung der beruflichen Vorsorge mit jährlichen Beiträgen von rund 30 Milliarden Franken ist sehr gross. Banken und Versicherungen sind in diesem Geschäft stark engagiert. Beide haben spezifische Lösungen und sprechen damit unterschiedliche Bedürfnisse an. Wir betrachten es als Vorteil, beide Lösungen aus einer Hand anbieten zu können.

D. Private Vorsorge

```
                    Pensionierungs-
                       planung
      Kapitalaufbau              Kapitalverzehr

      Verpflichtungen             Kapitalanlagen

         Steuern                 Risikomanagement
                    Erbschaftsfragen
```

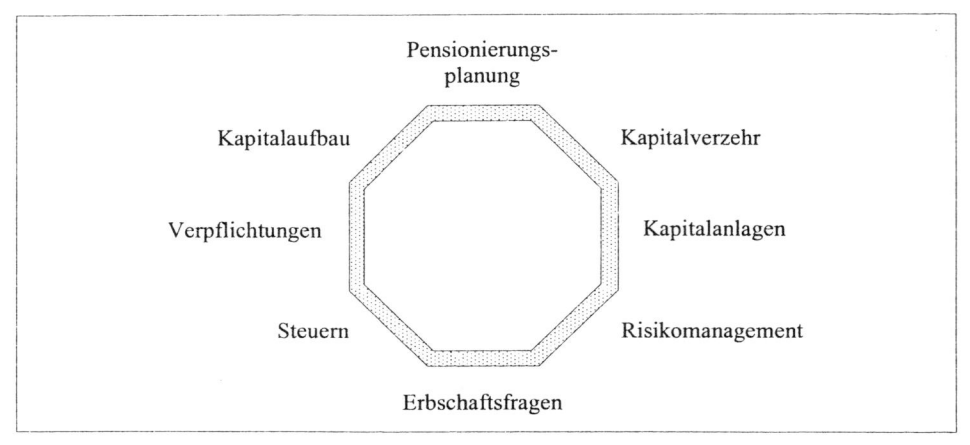

Abbildung 10: Umfassende Finanzberatung

Eine komplette Finanzberatung umfasst eine breite Zahl von verschiedenen Themen. Eines der grossen Themen im Financial Planning ist eine Beratung entlang des individuellen Lebenszyklus eines Kunden. Die finanziellen Bedürfnisse verändern sich im Laufe des Lebens eines Menschen und sind abhängig von der jeweiligen, konkreten Lebenssituation. Während in der ersten Lebenshälfte vor allem die Finanzierung und Absicherung der eigenen Familie, die Ausbildung der Kinder, der Erwerb von Wohneigentum etc. wichtige Fragen sind, so geht es später um Themen wie Kapitalanlagen, Pensionierungsplanung, Steueroptimierung und Erbschaftsfragen. Lebensversicherungsprodukte spielen dabei eine wichtige Rolle. Mit ihr lassen sich oft verschiedene Ziele der Finanzplanung einfach und kostengünstig erzielen. Eine Lebensversicherung ist aber nicht für jeden Kunden in jedem Moment eine gute und selten die alleinige Lösung. Bankprodukte gehören ebenso dazu. Entscheidend ist, dass jeder Berater, welcher den Anspruch hat eine umfassende Beratung zu leisten, Zugang zu einer Palette von Bank- und Versicherungsprodukten hat und über das entsprechende Fachwissen verfügt.

Bankprodukte		Versicherungsprodukte	
Banksparen		**Versicherungssparen**	
• Spareinlagen • Kassenobligationen • Direktanlagen in Wertschriften • Anlagefonds • Fondssparplan • Private Equity • 3a Konto/Depot • Freizügigkeitskonto	• Fondsgebundene LV • Fondsgebundene LV 3a • Indexierte Produkte • Wrapper- Produkte	Gemischte LV Gemischte LV 3a **Risikoprodukte** Erwerbsunfähigkeits - und Todesfallversicherung	
Kapitalverzehr Bank	**Renten**	**Renten**	
Fondsentnahmeplan	Fondsgebunde Renten	Leibrenten	

Abbildung 11: Anlage- und Vorsorgeprodukte

Die Produkt-Betrachtung zeigt, dass sowohl Banken wie Versicherungen eine breite Palette von Lösungen für die Kapitalbildung und den Kapitalverzehr anbieten. Während früher eine klare Grenze zwischen dem Angebot der Versicherungen und der Banken bestand, so können wir heute nicht mehr eindeutig zwischen den beiden Produktegruppen unterscheiden. Die rechtliche Unterscheidung ist zwar einfach nachvollziehbar, in Bezug auf die Funktion der Produkte in der Finanzplanung aber nicht zwingend relevant.

Lebensversicherungen haben spezifische Charakteristika, wie einen Risikoschutz gegen Tod und/oder Invalidität, Prämienbefreiung damit ein geplantes Sparziel auf jeden Fall erreicht werden kann, die freie Begünstigung, das Erb- und Konkursprivileg und zum Teil Steuervorteile.

In Bezug auf die Anlageform, also letztlich auch die Rolle der Produkte im Rahmen einer Anlagestrategie, haben wir eine weitestgehende Überlappung von Bank- und Versicherungsprodukten. Die Wahl der Produkte hängt von den Kundenbedürfnissen ab und muss neben Risiko auch Steueraspekte mitberücksichtigen.

E   Charakteristika unterschiedlicher Kanäle

I.   Versicherungsagenten

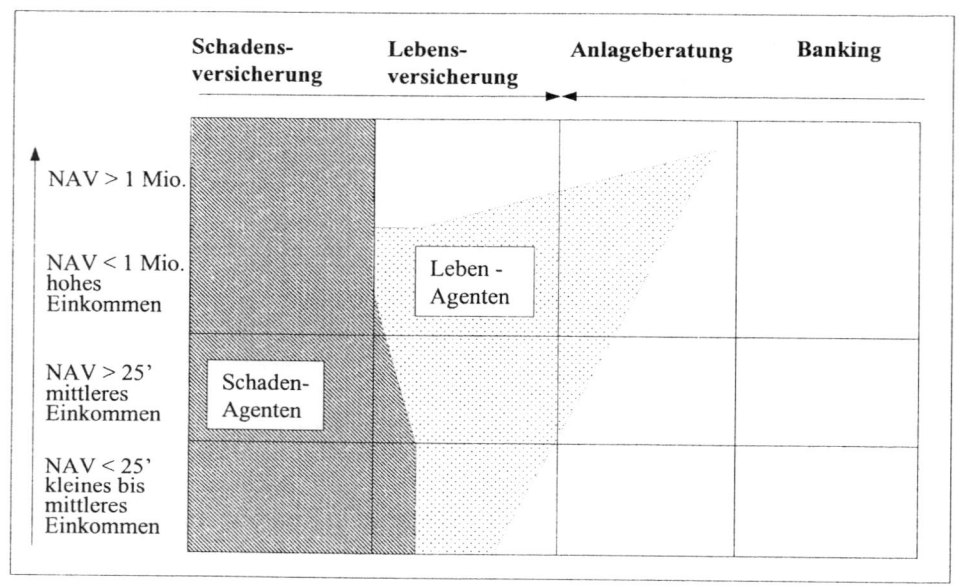

Abbildung 12:   Versicherungsagenten

Im Bereich der Schadensversicherungen decken Versicherungsagenten das gesamte Spektrum der Privathaushalte ab (vgl. Abbildung 12). Für Kunden mit kleineren Einkommen und beschränktem Gestaltungsspielraum in der Vorsorgeplanung decken verschiedene Gesellschaften Schaden- und Leben-Themen aus einer Hand ab. Bei den Kundengruppen mit mehr finanziellem Spielraum und entsprechend komplexeren Ansprüchen in der Anlage-, Vorsorge- und Steuerberatung werden meist Leben-Experten eingesetzt. Diese haben neben den traditionellen und fondsgebundenen Lebensversicherungs-Produkten auch vermehrt Zugang zu ergänzenden Anlageprodukten wie Anlagefonds, Vermögensverwaltungs-Mandaten, Fonds-Spar- und Entnahme-Plänen und indexgebundenen Instrumenten. Nach unserer Erfahrung lassen sich vor allem gutverdienende, vermögende Kunden gerne von einem Lebensversicherungs-Experten beraten. Sehr vermögende oder sehr gut verdienende Personen bevorzugen hingegen eher den Bankkanal.

Hinsichtlich der Entschädigung machen Abschlussprovisionen einen bedeutenden Bestandteil des Einkommens aus. Das heisst, die Einkommenssituation des Agenten ist direkt von den getätigten Abschlüssen abhängig. Die Ausdehnung des Geschäftsbereiches in Anlagemärkte wird hier jedoch zu einer Veränderung der Kundenbeziehung führen. Wir gehen davon aus, dass sich auch die Entschädigungsparameter anpassen werden. Beratungshonorare und Transaktionsgebühren werden inskünftig an Bedeutung gewinnen.

In der Schweiz werden Lebensversicherungen primär über einen an bestimmte Anbieter gebundenen Agenten vertrieben. Für die meisten Lebensversicherungen bilden die Agenten die wichtigste Stütze ihrer Vertriebskraft. Sie spielen beim Neukundenzugang eine entscheidende Rolle. Sie werden dabei von der Lebensversicherungsgesellschaft mit verschiedenen Marketing-Massnahmen, verstärkt auch mit modernen Customer Relationship Management Tools und Mailings unterstützt. Die klassische Werbung spielt dabei – im Gegensatz zum Banking – eine eher untergeordnete Rolle.

II. Bankenkanal

	Schadens-versicherung	Lebens-versicherung	Anlage-beratung	Banking
NAV > 1 Mio.				Private Banking
NAV < 1 Mio. hohes Einkommen				
NAV > 25' mittleres Einkommen				Affluent Banking
NAV < 25' kleines bis mittleres Einkommen				Retail Banking

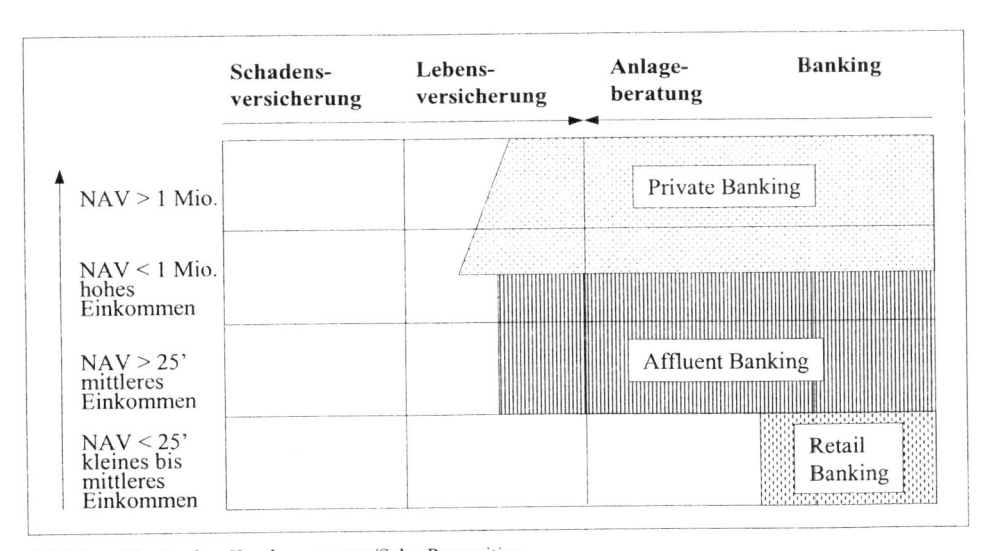

Abbildung 13: Banken Kundensegmente/Sales Proposition

Im Bankenkanal werden grundsätzlich alle Kundensegmente betreut (vgl. Abbildung 13). Es ist aber nicht mehr so, dass allen Kunden grundsätzlich alle Produkte angeboten werden. Im Rahmen der Segmentstrategien werden die Bedürfnisse und das Potential der einzelnen Kundengruppen analysiert und darauf aufbauend ein entsprechendes Produkte- und Serviceangebot definiert. Kunden mit kleinen Einkommen stehen Basisangebote zur Verfügung, welche immer stärker standardisiert und automatisiert werden. Diese decken in der Regel die Bedürfnisse des Kunden ab und er profitiert von den daraus erzielten Kosteneinsparungen.

Das Segment der affluent clients, also der gut verdienende Mittelstand, ist hart umkämpft. Diesem steht heute ein Angebot zur Verfügung, das sich kaum noch von jenem im Private Banking, also dem Angebot für die high net worth individuals, unterscheidet. In diesen beiden Segmenten werden vermehrt auch Lebensversicherungsprodukte in das Angebot miteinbezogen.

Was sind im Bankkanal die wesentlichen Erfolgsfaktoren? Eine optimale Unterstützung in der Beratung und im Verkauf durch entsprechende Tools bilden eine „infrastrukturelle" Grundlage zur einfachen Abwicklung des Geschäftes. Erfolgsfaktoren, die oft unterschätzt werden, sind die Einbuchung und Bewertung der Lebensversicherungen im Anlageverzeichnis der Kunden. Nur so ist eine korrekte Anlageperformancerechnung in der Kundenrechnung möglich.

Nicht zu vernachlässigen ist ebenso eine ausreichende Fachausbildung der Bankberater in Versicherungsfragen. Diese Ausbildung ist aber bei weitem nicht so aufwändig und komplex, wie oft angenommen wird, wenn sie spezifisch auf dem Finanzwissen der Banker aufbaut und deren Sprache spricht. Wir haben in 10 Jahren Lebensversicherungsgeschäft bei der Credit Suisse die Erfahrung gemacht, dass die Grundlagen für den Erfolg einfach gelegt werden können.

Schliesslich ist aber auch entscheidend, dass die Leistungsbemessung – und somit letztlich die Entschädigung des Bankberaters – die Beratungs- und Verkaufstätigkeit im Versicherungsbereich miteinschliesst. Heute ist es vielerorts noch so, dass der Verkauf von Lebensversicherungen die Zielerreichung des Kundenberaters wegen des Kapitalabflusses sogar negativ beeinflusst.

III. Broker und unabhängige Finanzberater

Eine Gruppe von Vertriebskanälen, die an Bedeutung zunehmen, sind die Drittkanäle. Hier sind vor allem die Gruppe der Broker und jene der unabhängigen Vermögensverwalter zu nennen. Diese bearbeiten sehr unterschiedliche Kundensegmente und bieten sehr unterschiedliche Dienstleistungstiefen und -breiten an. Im Bereich der Anlageinstrumente und Lebensversicherungen ist die Vielfalt von Produkten, Anbietern und Vermittlern kaum mehr überblickbar.

Für den Erfolg von Lebensversicherungsgesellschaften im Markt der unabhängigen Vermittler ist neben dem Preis auch eine optimale Verkaufsunterstützung und eine erstklassige Verarbeitung entscheidend für den Erfolg. Für den potentiellen Kunden spielt zudem die Vertrauenswürdigkeit des Produktangebots eine entscheidende Rolle.

Zum Abschluss des Kapitels Vertriebskanäle können wir festhalten, dass Banken und Versicherungen sich grundsätzlich ergänzen. Bezüglich Produkte- und Serviceangebot liegen die Schwergewichte anders. Ebenso sind Unterschiede in der Vertriebsform, der bearbeiteten Segmente und in der Art der Entschädigung festzustellen. Für Finanzkonzerne, die über beide Kanäle verfügen, ist eine Abstimmung notwendig.

F   Entwicklungstendenzen

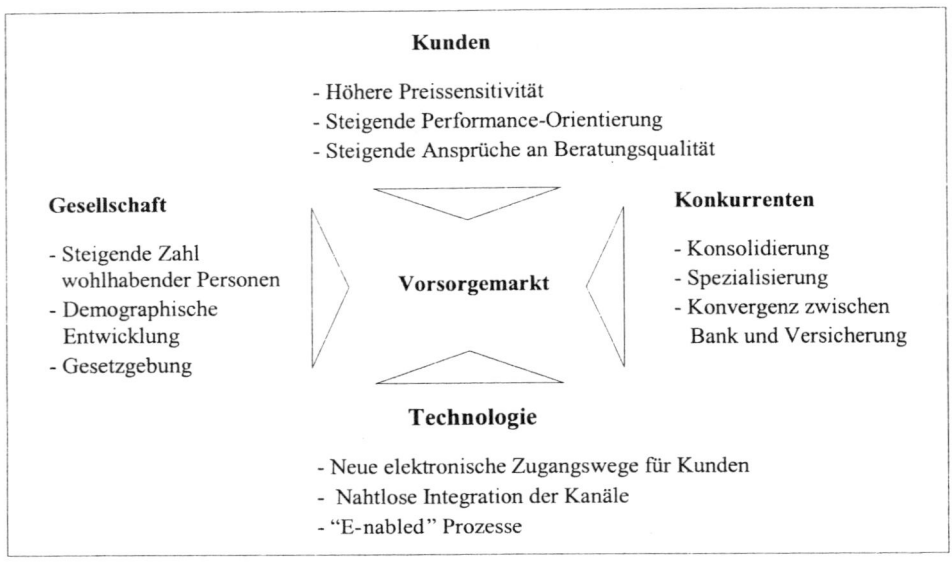

Kunden
- Höhere Preissensitivität
- Steigende Performance-Orientierung
- Steigende Ansprüche an Beratungsqualität

Gesellschaft
- Steigende Zahl wohlhabender Personen
- Demographische Entwicklung
- Gesetzgebung

Vorsorgemarkt

Konkurrenten
- Konsolidierung
- Spezialisierung
- Konvergenz zwischen Bank und Versicherung

Technologie
- Neue elektronische Zugangswege für Kunden
- Nahtlose Integration der Kanäle
- "E-nabled" Prozesse

Abbildung 14:   Marktumfeld

I.   Gesellschaft

Die Anzahl der sehr vermögenden Personen hat stark zugenommen und wird weiter zunehmen. Gleichzeitig kommt es aufgrund der demographischen Tendenz in allen entwickelten Ländern zu einer starken Zunahme von Personen, die ihre aktive Erwerbsphase hinter sich haben.

Die staatlichen Vorsorgeeinrichtungen sehen sich wegen dem praktizierten Umlageverfahren mit grossen Finanzierungsproblemen konfrontiert. Der Gesetzgeber ist deshalb gefordert, der privaten und der betrieblichen Vorsorge günstige gesetzliche und steuerliche Rahmenbedingungen zu stellen und diese noch weiter auszubauen. Ich denke da zum Beispiel an die Riester Reform in Deutschland und ähnliche Bemühungen in andern Ländern. Wenn wir einen Blick auf die Schweiz werfen, so ist hier die berufliche Vorsorge gut ausgebaut. Die Vorsorgeeinrichtungen stehen allerdings vor dem Problem, die hohen, durch das Gesetz festgelegten, Leistungsverpflichtungen erfüllen zu können. Es wird von der BVG-Revision abhängen, wie viele Versicherer in Zukunft diese noch übernehmen wollen und können.

Im Bereich der privaten Vorsorge wird neben der Entwicklung der Finanzmärkte die steuerliche Behandlung der selbstverantwortlichen, langfristigen Vorsorge ein entscheidender Faktor bei der Fragestellung sein, ob eine Versicherungslösung oder eine Banklösung gewählt wird. Wir gehen davon aus, dass der Lebensversicherungsmarkt in Europa auch in Zukunft von einem starken Wachstum profitieren kann.

II.   Kunden

Allerdings werden die Kunden anspruchsvoller und stellen höhere Anforderungen an Performance und Beratungsqualität. Sie sind besser informiert, interessieren sich mehr für Geld, sind preissensitiver und verlangen Transparenz über die Entwicklung ihrer Anlagen. Diese Anforderungen haben zu einer starken Entwicklung der unit-linked Produkte, also den fondsgebundenen Lebensversicherungen, geführt. Geographisch gibt es allerdings noch grosse Unterschiede. Während unit-linked Produkte in den USA und in UK bereits sehr verbreitet sind, findet die Entwicklung in Kontinentaleuropa heute statt. Lateinische Länder wie Italien und Spanien sind dabei weiter fortgeschritten als die Schweiz und Deutschland.

III.   Konkurrenten

Hier sehen wir drei verschiedene Trends. Erstens die Konsolidierung, das heisst, die grossen Anbieter expandieren ihren Marktanteil durch organisches Wachstum und durch Akquisitionen. Nur so kann die kritische Grösse erreicht werden, die erforderlich ist, um die notwendigen Investitionen in die Verwaltungs- und Vertriebssysteme, aber auch in die Bereiche Marketing und Mitarbeiter finanzieren zu können. Zweitens spielen die Anbieter von spezialisierten Dienstleistungen eine zunehmend wichtigere Rolle und drittens sehen wir weltweit eine deutliche Konvergenz zwischen Bank und Versicherungen. Nicht nur aus Kundenoptik, sondern auch aus Sicht der Anbieter verlangen das Bank- und das Lebensversicherungsgeschäft weitgehend die gleichen Kompetenzen und Infrastrukturen. Wer in der Frage der kritischen Grösse und Fähigkeiten für die einzelnen Prozesse den Banken- und den Lebensversicherungsmarkt getrennt betrachtet, verkennt das Kosten-, Erlös- und Know-how-Synergiepotential.

IV. Technologie

Die Entwicklungen in der Technologie ermöglichen schliesslich neue Zugangswege für die Kunden, eine nahtlose Integration der Kanäle und durchgehende Prozesse. Es muss letztlich das Ziel sein, die ganze Organisation e-fähig zu machen und alle Kunden auf eine e-business Plattform zu bringen.

G. Strategische Antwort der Winterthur Life & Pensions

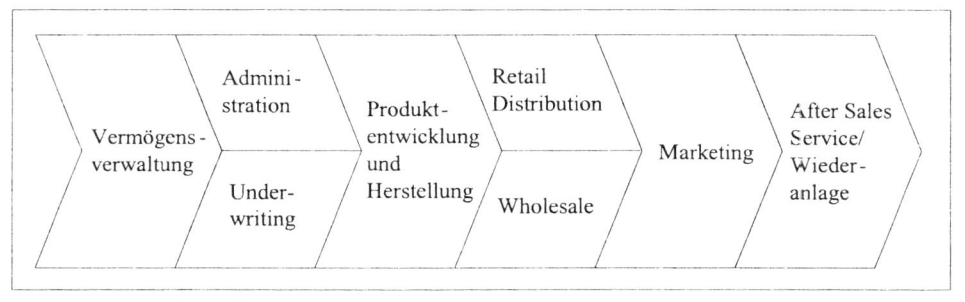

```
Vermögens-    Admini-      Produkt-        Retail                       After Sales
verwaltung    stration     entwicklung     Distribution   Marketing     Service/
              Under-       und                                          Wieder-
              writing      Herstellung     Wholesale                    anlage
```

Abbildung 15: Traditionelles Geschäftssystem

Eine traditionelle Lebensversicherungsgesellschaft verfügt über ein hochgradig integriertes Geschäftssystem. Die einzelnen Elemente der Wertschöpfungskette sind nicht zwingend klar abgegrenzt und einseitig auf den Vertrieb über Lebensversicherungsagenten ausgerichtet. Diese Prozesskette kann zwar stark automatisiert sein. Sie bietet aber kaum genügend Transparenz über die Leistungsfähigkeit der einzelnen Elemente und Veränderungen sind meistens schwierig zu realisieren.

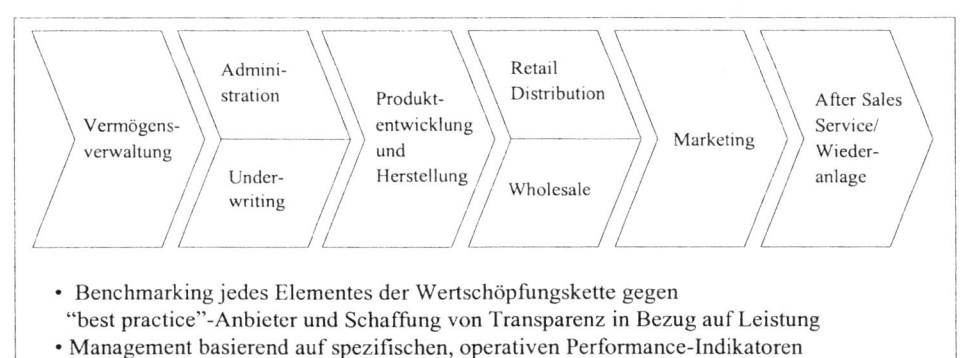

```
Vermögens-    Admini-      Produkt-        Retail                       After Sales
verwaltung    stration     entwicklung     Distribution   Marketing     Service/
              Under-       und                                          Wieder-
              writing      Herstellung     Wholesale                    anlage
```

- Benchmarking jedes Elementes der Wertschöpfungskette gegen "best practice"-Anbieter und Schaffung von Transparenz in Bezug auf Leistung
- Management basierend auf spezifischen, operativen Performance-Indikatoren
- Erkennen von Outsourcing- und Insourcing-Optionen
- Transparenz in Bezug auf eigene Fähigkeiten (Kernkompetenzen)

Abbildung 16: Disaggregierter Lebensversicherer

Wir betrachten uns als weitgehend disaggregierten Lebensversicherer und bauen die klare Trennung und Messbarkeit der jeweiligen Prozesse in der Wertschöpfungskette konsequent weiter aus.

Die Vorteile sind offensichtlich: Alle Abteilungen lassen sich mit den jeweils besten Experten am Markt messen. Aufgrund von Gap-Analysen wird Optimierungspotential angezeigt. Das Management kann für die einzelnen Bereiche Ziele festlegen, die zu bestmöglichen Lösungen führen und die Zielerreichung mit entsprechenden Performanceindikatoren laufend messen. Dank diesem Businessmodell können auch für sämtliche Elemente der Wertschöpfungskette Sourcingoptionen in Betracht gezogen werden. Wollen wir wirklich alle Leistungen inhouse erbringen? Oder wollen wir gewisse Dienstleistungen, die wir als nicht wettbewerbsentscheidend betrachten, von externen Anbietern beziehen?

Schliesslich ergeben sich aus der Analyse der eigenen Wertschöpfung auch klare Erkenntnisse über die eigenen Fähigkeiten. Welche Bereiche haben die grösste Wertschöpfung, welche sind strategisch von grösster Bedeutung. Für das Knowledge Management ergeben sich Indikationen, welche Kompetenzen auf- und ausgebaut und welche speziell gesichert werden müssen. Es liegt auf der Hand, dass sich dank der Zugehörigkeit zur CS Group unterschiedlichste In- und Outsourcing Optionen ergeben. So werden in einem weiteren Entwicklungsschritt im Rahmen der Credit Suisse Financial Services alle Asset Management-Kompetenzen gebündelt.

Auch bei der Produktentwicklung wollen wir die Fähigkeiten und die Erfahrung unserer Kollegen von der Bank bei der Entwicklung von modernen Finanzprodukten nutzen und gemeinsam kombinierte Produkte entwickeln.

Die Administration von Lebensversicherungspolicen ist kostenintensiv. Aufgrund der Einführung von neuen Produkten und Tarifgenerationen, sowie der Akquisition von ganzen Lebensversicherungsgesellschaften oder einzelner Bestände werden in einem grossen Ausmass geschlossene Bestände geschaffen, das heisst Portfolios von Policen, die nicht mehr verkauft werden, aber noch während 30 und mehr Jahren zu definierten Kostensätzen administriert werden müssen. Für das Management stellt sich die Frage, inwieweit diese geschlossenen Bestände im eigenen Unternehmen verwaltet werden sollen und das Know-how sichergestellt werden kann. Ist es allenfalls sinnvoll, die Administration spezialisierten Gesellschaften zu übertragen? Hier ist ein neuer Markt am Entstehen, der Markt of „closed blocks". Falls man über die Fähigkeiten verfügt, die Administration kostengünstig zu gewährleisten, kann es interessant sein, geschlossene Bestände zu akquirieren und diese für die restliche Laufzeit in den eigenen Büchern zu führen. Dieser Markt ist in den USA und in Grossbritannien bereits stark entwickelt. Er dürfte sich in den nächsten Jahren auch auf Kontinentaleuropa ausbreiten.

Lassen Sie mich zum Schluss das Zusammenwirken der disaggregierten Elemente der Wertschöpfungskette mit unserem Wholesaleansatz darstellen (vgl. Abbildung 17):

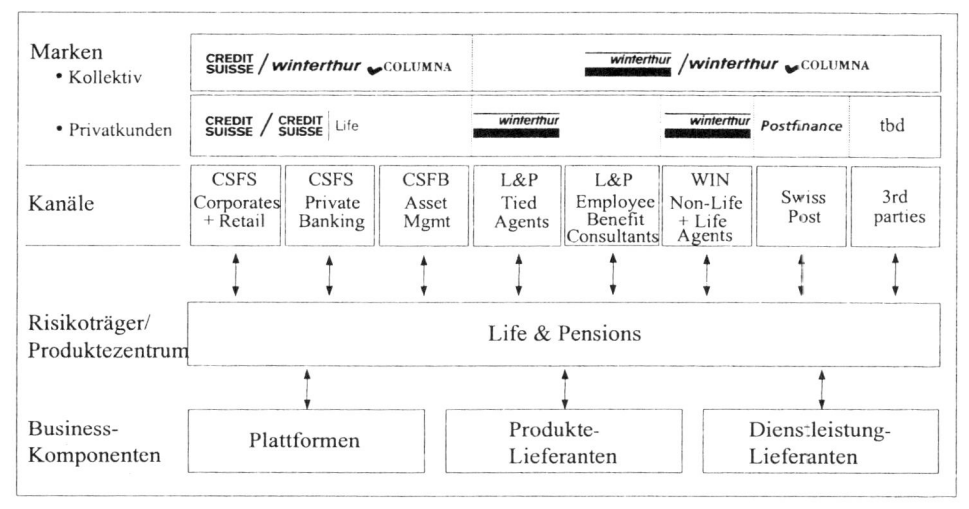

Marken									
• Kollektiv	CREDIT SUISSE / *winterthur* COLUMNA				*winterthur* / *winterthur* COLUMNA				
• Privatkunden	CREDIT SUISSE / CREDIT SUISSE Life			*winterthur*		*winterthur*	Postfinance	tbd	
Kanäle	CSFS Corporates + Retail	CSFS Private Banking	CSFB Asset Mgmt	L&P Tied Agents	L&P Employee Benefit Consultants	WIN Non-Life + Life Agents	Swiss Post	3rd parties	
Risikoträger/ Produktezentrum	Life & Pensions								
Business- Komponenten	Plattformen			Produkte- Lieferanten			Dienstleistung- Lieferanten		

Abbildung 17: Wholesale-Ansatz Life & Pensions Schweiz

Am Markt treten wir mit verschiedenen Brands auf. Es sind dies die Marken der CS Group aber auch jene von Dritten wie z.B. die gelben Versicherungen der Post.

Vertrieben werden die Produkte über verschiedene Kanäle, wobei wir insbesondere in der Schweiz, wo die CS Group sehr stark präsent ist, von der Gruppenzugehörigkeit profitieren. Aber auch im Ausland sind wir „preferred provider" für die Gesellschaften der Gruppe.

Die disaggregierte Prozesskette ermöglicht im weiteren sehr einfach den Zukauf von Fremdprodukten, Produktelementen oder Dienstleistungen, welche wir in unsere Wholesale-Produkte-Palette einbauen. So schaffen wir die Voraussetzungen für kanal- und segmentspezifisches Mass-Customizing unserer Produkte, für eine transparente Profitabilitäts-Messung, eine adäquate Pricing-Struktur sowie für einen massgeschneiderten Vertriebs- und Marketing-Support.

H. Fazit

- Der Vorsorgemarkt ist ein wichtiger und wachsender Markt und die kapitalgedeckten Produkte spielen eine zentrale Rolle.
- Das Produkte- und Dienstleistungsangebot ist breit, umfassend und stellt hohe Anforderungen an die Mitbewerber in diesem Markt.
- Banken und Versicherungen sind traditionell wichtige Anbieter. Neue Konkurrenten drängen auf den Markt; diese bieten teils umfassende Lösungen, teils spezialisierte Dienstleistungen an.
- Wir werden inskünftig eine stärkere Entflechtung in der Wertschöpfungskette beobachten können. Ein einzelner Mitbewerber muss nicht mehr zwingend die gesamte Vorsorgelösung anbieten können. Er kann sich auf Teile konzentrieren, für die er die entsprechenden Kernkompetenzen hat und für die er einen komparativen Vorteil gegenüber seinen Konkurrenten hat.

Auf die Frage nach der Vormachtstellung im Vorsorgemarkt kann somit geantwortet werden:
- Sowohl Banken wie auch Versicherungen haben Stärken, die für eine Vormachtstellung im Vorsorgemarkt von Bedeutung sind.
- Es geht nun darum, die verschiedenen Elemente im Geschäftssystem so zu kombinieren, dass in jedem dieser Elemente eine möglichst effektive und effiziente Leistungserbringung erfolgen kann. Es ist in jedem Fall zu prüfen, ob diese Leistung selber, das heisst in der eigenen Unternehmung, erbracht oder ein Dritter damit beauftragt werden soll.
- Wir sind überzeugt, dass ein Allfinanzkonzern, wie es die CS Group ist, aufgrund der breit angelegten Kernfähigkeiten eine gute Ausgangslage im Vorsorgemarkt hat und diese noch weiter ausbauen kann.

Abbildungsverzeichnis

                                                                        Seite

Abbildung 1: Kapitalgedeckte Altersvorsorge   48
Abbildung 2: Berufliche Vorsorge – Kundenbedürfnisse   50
Abbildung 3: Vorsorgelösungen der 2. Säule   51
Abbildung 4: Vorsorgelösungen der 2. Säule/Versicherungslösung   52
Abbildung 5: Vorsorgelösungen der 2. Säule/Bankenlösung – Mitbestimmung 53
Abbildung 6: CSA MIXTA – BVG 35 Performance 1985–2000   54
Abbildung 7: Vorsorgelösungen der 2. Säule/Gegenüberstellung Bank – Versicherung 55
Abbildung 8: Bank- oder Versicherungsanlage aus einer Hand   56
Abbildung 9: Produktkonzept Winterthur-Columna   57
Abbildung 10: Umfassende Finanzberatung   58
Abbildung 11: Anlage- und Vorsorgeprodukte   59
Abbildung 12: Versicherungsagenten   60
Abbildung 13: Banken Kundensegmente/Sales Proposition   61
Abbildung 14: Marktumfeld   64
Abbildung 15: Traditionelles Geschäftssystem   67
Abbildung 16: Disaggregierter Lebensversicherer   67
Abbildung 17: Wholesale-Ansatz Life & Pensions Schweiz   69

Vom Schalterbeamten zum Finanzberater – Entwicklungsprogramm für beratungsorientierte Verkäufer

Wolfgang Essing
Geschäftsführender Partner
zeb/Sales.Consult Gmbh

Gliederung

		Seite
A.	Allgemeine Ausgangssituation	75
B.	Erfolgsmerkmale und notwendige Schritte	78
C.	Die operative Umsetzung	83
Abbildungsverzeichnis		86

A. Allgemeine Ausgangssituation

Betrachtet man die aktuelle Ergebnissituation bei den einzelnen Banken, so war die Notwendigkeit, einerseits Kosten zu sparen und andererseits dabei Erlöspotentiale deutlich und auch nachhaltig zu generieren, selten ausgeprägter.

Die Börsenhausse Ende der 90'er Jahre und zu Anfang des Jahres 2000 hat in vielen Häusern dazu geführt, dass man erhebliche Provisionszuflüsse aus einem sprudelnden Wertpapiergeschäft generieren konnte. Gerade solche Boomphasen versperren häufig den Blick für das Wesentliche; die dauerhafte Stabilisierung der Erlöse. Da insbesondere auch das Wertpapiergeschäft ein sehr anfälliges Geschäft ist, gilt es insbesondere für die Zukunft; die hieraus gewonnenen Erfahrungen konsequent zu nutzen. Die eine Erfahrung betrifft den vorsichtigen Umgang mit dem schleichenden Prozess der Fixkosten-Steigerung (Personal etc.). Auf der anderen Seite ist aber auch mehr als deutlich geworden, dass die Schaffung eines dauerhaft stabilen Ertragsfundaments im Kundengeschäft nur durch eine ganzheitliche Betrachtung des Kunden erfolgen kann.

Aufbauend auf dieser ganzheitlichen Betrachtung des Kunden gilt es dann, das sich hieraus ergebende Cross-Selling-Potenzial zu generieren. Diese Erkenntnis, die sicherlich nicht neu ist, ist in den meisten Vertriebskonzepten der einzelnen Geldhäuser enthalten. Allerdings wird die Kultur der lebensphasenorientierten und ganzheitlichen Beratung des Kunden mit entsprechender Verkaufsorientierung nur sehr selten gelebt. Wenn wir uns derzeit anschauen, wie wir die meisten Verkaufsprozesse in Banken und Sparkassen erleben, so stellen wir immer wieder fest, dass das hierbei Erlebte in den meisten Häusern sehr identisch ist.

Häufig anzutreffende Ausgangssituationen:
- Heterogenität in der Beratungsstruktur
- Ausgeprägte Leistungsdifferenz zwischen den einzelnen Beratern
- Keine ganzheitliche Erfassung des Kunden
- Deutliche Neigung hin zum reinen Produktverkauf
- Wenig abschlussorientiertes Berater-/ Verkäuferverhalten
- Keine systematische Vorgehensweise in der Beratung
- Das vorhandene Produktportfolio wir nur begrenzt genutzt

Nahezu überall stellen wir eine ausgeprägt hohe Heterogenität in der Beratungsstruktur des Gesamthauses fest. In zahlreichen Testkäufen verteilt über die verschiedensten Banken ergab sich immer wieder die Erkenntnis, das häufig innerhalb des gleichen Hauses und innerhalb des gleichen Kundensegmentes die einzelnen Berater völlig unterschiedliche Beratungsansätze für ihre Kunden haben, und dass die sich aus den Gesprächen ergebende Empfehlung von Berater zu Berater völlig anders aussehen kann, obwohl die Berater mit vergleichbaren Ausgangssituationen konfrontiert worden sind.

Hierin zeigt sich das wesentliche Problem innerhalb der Beratungsprozesse der jeweiligen Häuser.

Darüber hinaus ist fast überall innerhalb der Gruppe der Berater eine ausgeprägte Leistungsdifferenz festzustellen. Wenigen, sogenannten Top-Performern, stehen viele Normal-Performer und einige Non-Performer gegenüber. Die Wunschvorstellung einer jeden Führungskraft ist es natürlich, dass die Top-Performer für das Haus multiplizierbar sind. Dies funktioniert aber in der Regel nicht, da häufig festzustellen ist, dass diese Top-Performer eine ausgeprägt individuelle, auf ihre Person bezogene Vorgehensweise haben, die nicht von einer für das Haus gültigen Systematik und Beratungslogik geprägt ist. Darüber hinaus erfolgt häufig keine ganzheitliche Erfassung des Kunden und die Beratung als auch der Vertrieb sind weiterhin sehr stark produktfokussiert.

Gleichzeitig hat sich an der latenten Abschlussschwäche des Bankberaters nach unseren Erfahrungen nur wenig geändert.

Dies alles führt dazu, dass das zur Verfügung stehende Gesamtproduktportfolio nur sehr begrenzt genutzt wird, und dass zunehmend die Wettbewerber der Banken die rentablen Geschäfte abwickeln, während den Banken vielfach nur die wenig rentablen bzw. mit hohem Risiko versehenen Geschäfte bleiben.

Daraus resultierende Wahrnehmung:
- „Die Zahl der Geldautomaten die meine Bank/ Sparkasse zur Verfügung stellt ist, mein wesentliches Entscheidungskriterium."
- „Ich reduziere meine Entscheidung auf die günstigste Kondition für meine Finanzierung bzw. meine laufenden Vorgänge auf meinem Konto."
- „Für die zentralen Fragen meiner Finanzplanung habe ich einen anderen Berater."
- „Meine Bank/ Sparkasse will diese Geschäfte doch gar nicht so gerne machen."
- ...

Bei der Ermittlung von Fremdproduktnutzungsquoten innerhalb verschiedenster Kundensegmente bei jeweils verschiedenen Häusern, ergaben sich für das jeweilige Bankhaus nicht nur sehr ernüchternde, sondern durchaus für die Bank erschreckende Ergebnisse. Hierbei wurde sehr deutlich, dass die Kunden in erheblichem Maße Produkte bei anderen Wettbewerbern kaufen. In verschiedensten Kundenbefragungen wurde aber seitens der Kunden immer wieder bestätigt, dass man dies nicht tue, weil man innerhalb der Beratung Misstrauen gegenüber seiner Hausbank hege, sondern weil man schlicht und ergreifend die eigene Hausbank in diesem Bereich bisher nicht wahrgenommen hat. Viele der befragten Personen gaben an, dass ihre Entscheidung für eine Hauptbankverbindung ursächlich geprägt sei durch die Zahl der zur Verfügung gestellten Geldautomaten im näheren Umfeld, sowie die jeweils günstigste Kondition für Transaktionsleistungen im täglichen Kontoverkehr.

Viele befragte Kunden gaben an, dass sie subjektiv das Gefühl hätten, dass wesentliche Geschäfte durch die Hausbank gar nicht gemacht werden wollen. Aus diesem Grunde habe man sich für andere Anbieter entschieden, obwohl das Vertrauenspotenzial, das der jeweiligen Hausbankverbindung entgegengebracht wird, erfahrungsgemäß immer noch sehr hoch ist. Aus diesen Erkenntnissen ergibt sich natürlich auch ein immenses Potenzial, sobald die jeweilige Bank damit beginnt, die Wahrnehmung des Kunden hinsichtlich des Dienstleistungsangebotes deutlich zu verändern. Hierzu ist es natürlich notwendig, dass mit aller Konsequenz die identifizierten Probleme im Vertrieb aufgegriffen werden und möglichst zeitnah abgestellt werden. Bei der Frage, was das zentrale Merkmal eines erfolgsorientierten Verkaufsprozesses ist, kann man sicherlich anhand verschiedenster Beispiele deutlich aufzeigen, dass das zentrale Merkmal eines solchen erfolgsorientierten Verkaufsprozesses ein hohes Maß an Standardisierung und Systematisierung ist. Es ist nicht erklärbar, warum innerhalb eines Kundensegmentes mit einer vergleichbaren Ziel- und Bedürfnisstruktur jeweils völlig unterschiedliche Ergebnisse aus den Kundengesprächen erzielt werden.

B. Erfolgsmerkmale und notwendige Schritte

Allein diese Tatsache zeigt, wie wichtig es auch im Sinne der Qualitätssicherung eines Hauses ist, Gesprächsabläufe zu systematisieren und Mindeststandards für die Gespräche zu definieren. Diese Mindeststandards ergeben sich aus den typischen identifizierten Kundenbedürfnissen. Aus diesen Kundenbedürfnissen heraus ergeben sich wiederum Fragestellungen, die es zu lösen gilt. Exakt diese Prozesskette ist die am häufigsten vernachlässigte Prozesskette in den Finanzhäusern. Betrachtet man den hohen Grad an Fachwissen, den die meisten Berater mitbringen, so reicht dies aber nicht aus, um mit diesem Fachwissen am Markt die entsprechenden vertrieblichen Erfolge zu erzielen. Es gilt vielmehr, dieses Fachwissen in eine Beratungslogik und -systematik zu integrieren, die dann in der Kommunikation mit dem Kunden dazu führt, dass das Fachwissen dosiert und exakt auf die Bedürfnisse des Kunden zugeschnitten kommuniziert wird. Gerade hier endet dabei in vielen Häusern die Unterstützung der Berater.

Wir stellen immer wieder fest, dass vielfach bestimmte beratungsunterstützende Hilfsmittel zur Verfügung gestellt werden, diese aber weder eingebettet sind in eine Beratungslogik, die sich durchgängig im Haus wiederfindet, noch eingebettet sind in das System der ganzheitlichen Kundenbetreuung. Die Notwendigkeit, die Systematisierung und auch Standardisierung der Beratungsprozesse voran zu treiben, hat verschiedene Gründe. Zum einen gilt es im Rahmen einer immer wichtiger werdenden Differenzierungsstrategie einen einheitlichen Qualitätsstandard im Beratungsgeschäft der jeweiligen Bank zu definieren. Dieser einheitliche Beratungsstandard kann im Markt aber nur umgesetzt werden, wenn innerhalb der Vorgehensweise die Systematik aller Berater eine einheitliche Handschrift trägt.

Ein weiterer, ganz wesentlicher Punkt ist darin zu sehen, dass es einem Berater wesentlich leichter fällt, mit seinen Kunden optimal zu kommunizieren, wenn er auf systemische Hilfsmittel zurückgreifen kann. Hieraus ergeben sich dann sog. Vertriebsroutinen, die dazu führen, dass die Effizienz innerhalb der Beratungsgespräche deutlich ansteigt. Durch eine klar strukturierte und systematisierte Beratungskultur werden auch Vertriebssteuerungsprozesse deutlich vereinfacht. Darüber hinaus sind auch wichtige Bereiche wie bspw. Kundenüberleitungsprozesse einfacher zu gestalten, da beim Übergang eines Kunden von einem Berater zu seinem Nachfolger der Kunde in einer gleich gearteten Beratungssystematik verbleibt, und damit für den Kunden auch die Konstanz in der Beratung nachvollziehbar ist. Des weiteren lassen sich auch Aspekte wie z.B. die Qualitätssicherung innerhalb der Kundenberatung als auch das Vertriebscontrolling hierdurch vereinfachen.

Die Kernziele einer solchen Systematisierungs- und Standardisierungsstrategie sind aber in allen Häusern sehr klar definiert. Das Ziel kann nur eine hohe Kundenzufriedenheit sein. Aus dieser hohen Kundenzufriedenheit ergibt sich automatisch eine deutliche Steigerung der Beratungseffizienz, da automatisch die Akzeptanz des Kunden hinsichtlich der gesamten Dienstleistungspalette des jeweiligen Hauses deutlich ansteigt. Dieses wiederum führt zu einer langfristigen und nachhaltigen Deckungsbeitragssteigerung, bezogen auf den jeweiligen Kunden. Wenn wir uns dann aber die Frage stellen, wonach eine solche Standardisierung ausgerichtet sein muss, so kann die Antwort nur lauten, dass diese Standardisierung von den Bedürfnissen des Kunden ausgeht. Hierbei stellt sich natürlich die Frage, welche Mindesterwartungen ein Kunde überhaupt an die Beratung stellt. Wesentliche Mindesterwartungen sind hierbei die lösungsorientierte Aufnahme seiner Ziele, d.h. der Kundenziele, die Integration der Ziele in ein für den Kunden individuelles Konzept, die Lösung der für den Kunden wichtigsten Fragen und letztendlich auch die Produktempfehlungen für die Umsetzung des Konzeptes, damit das Ganze entsprechend abgerundet wird.

Auch diese Mindesterwartungen sind für die meisten Banken und die dort tätigen Berater nicht neu. Die wesentliche Frage ist aber die, wie eine optimale Kommunikation mit dem Kunden stattfinden kann und wie vor allen Dingen der Transport des Know-hows und der Informationen so erfolgt, dass der Kunde das Gefühl hat, dass es sich hier um ein für ihn passendes Gesamtkonzept handelt. Bei der Frage der optimalen Kommunikation mit dem Kunden ergeben sich ebenfalls verschiedene Fragestellungen. Im Rahmen einer optimalen Kommunikation mit dem Kunden erfolgt regelmäßig auch die Positionierung des Beraters bzw. seiner Bank gegenüber dem Kunden. Hierbei gilt es insbesondere, die Alleinstellungsmerkmale des jeweils eigenen Hauses gegenüber dem Kunden herauszustellen, um ihm klarzumachen, welche Vorteile er durch die Zusammenarbeit mit dem jeweiligen Berater bzw. der jeweiligen Bank genießt. Gerade hier ist festzustellen, dass in kaum einem durchgeführten Gespräch dieses Thema Raum gefunden hat.

Danach ist es wichtig, mit dem Kunden über dessen Ziele zu sprechen, ohne dass hierbei ein klassischer "Verhörcharakter" entsteht. Entscheidend ist aber, dass der Berater in der Lage ist, ab einem gewissen Punkt von den Zielen zur Konzepterstellung überzuleiten, und von der Konzepterstellung dann wiederum nahtlos eine Verknüpfung zu den Umsetzungsempfehlungen mit den jeweiligen Produkten des Hauses zu schaffen. Dieses wiederum sollte eingebettet sein in einen gewissen Abschlussautomatismus, der geprägt ist durch eine hohe Abschlussverbindlichkeit. Nun kann man es dem Talent des einzelnen Beraters überlassen, sich selber Wege und Hilfsmittel zu erarbeiten, die Gespräche mit seinem Kunden so zu strukturieren und systematisieren, dass die eben aufgeführten Punkte in vollem Umfang berücksichtigt werden. Wesentlich sinnvoller und effizienter ist es aber, dem Berater eine Beratungsunterlage an die Hand zu geben, mit der er sehr operativ im jeweiligen Gespräch agieren kann. Diese Unterlage ist zu verstehen als ein unterstützendes Medium, mit dem der Berater den Kunden führt und mit dem er die relevanten und wichtigen Schritte des erfolgreichen Beratungsgespräches abbildet. Die jeweiligen Vorteile einer solchen standardisierten Beratungsunterlage für den Berater, für den Kunden als auch für die Bank, sind auf dem beigefügten Chart aufgeführt.

Vorteile für den Berater	Vorteile für den Kunden	Vorteile für die Bank/Sparkasse
▷ Strukturierung des Beratungsgespräch	▷ Erfassung der Kundenbedürfnisse	▷ Einheitlicher Auftritt im jeweiligen Kundensegment
▷ Abdeckung aller relevanten Themen ist sichergestellt	▷ Nachvollziehbarkeit der Beratungslogik	▷ Sicherstellung homogener Beratungsqualität
▷ Transfer hoher Beratungskompetenz	▷ Dokumentation der Beratungsergebnisse	▷ Abdeckung aller relevanten Themen
▷ Dokumentation der Beratungsergebnisse	▷ „ Eine Sprache " der Berater bei Beraterwechsel	▷ Änderungen der Beratungsinhalte können schnell umgesetzt werden
▷ Sichere Führung zum Abschluss		▷ Keine Probleme bei Betreuerwechsel für den Kunden
▷ Schnelle Einarbeitung in übertragene Kunden (Vertretung, Nachfolge)		▷ Hohe Kundenbindung
▷ Selbstverständlichkeit der Folgetermine		▷ stärkere Produktdurchdringung der Kunden

Abbildung 1: Vorteile des standardisierten Beratungsleitfadens

Somit bildet ein solcher Leitfaden im wesentlichen sechs entscheidenden Phasen eines optimalen Beratungs- und Betreuungsgespräches ab. Ein solches Gespräch mündet dann immer wieder automatisch in die Akquisition entsprechender Folgetermine. Sobald ein solcher Kreislauf in Bewegung gebracht wird, entstehen die häufig zitierten Vertriebsroutinen.

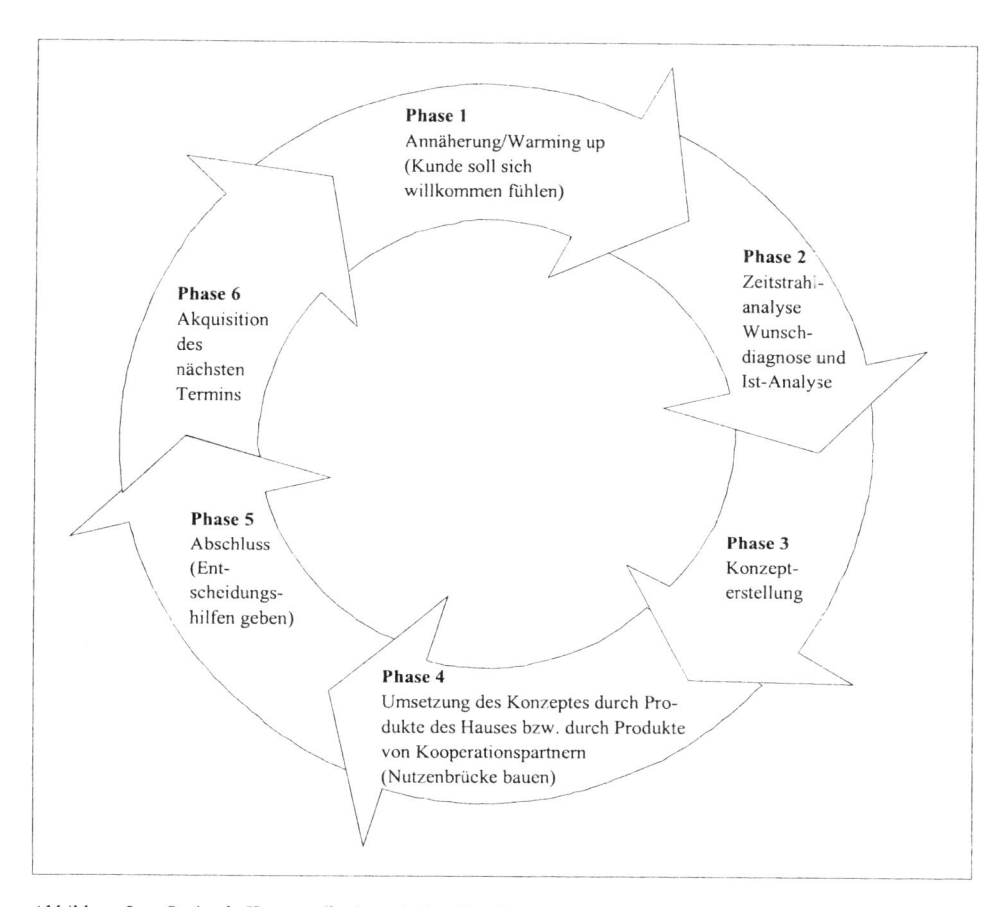

Abbildung 2: Optimale Kommunikation mit dem Kunden

Phase 1 Annäherung/Warming up (Kunde soll sich willkommen fühlen)

Phase 2 Zeitstrahlanalyse Wunschdiagnose und Ist-Analyse

Phase 3 Konzepterstellung

Phase 4 Umsetzung des Konzeptes durch Produkte des Hauses bzw. durch Produkte von Kooperationspartnern (Nutzenbrücke bauen)

Phase 5 Abschluss (Entscheidungshilfen geben)

Phase 6 Akquisition des nächsten Termins

Im weiteren Verlauf einer intakten und ertragsorientierten Kundenbeziehung werden dann verschiedenste Customer-Care-Maßnahmen ergriffen, die die Kundenbeziehungen weiter vertiefen und die Profitabilität einer solchen Beziehung weiter fördern. Bei der vielfach gestellten Frage, welche Produkte eine optimale Produktpalette prägen, gibt es eine relativ einfache Antwort. Es ist nicht die Vielzahl der Produkte, die entscheidend ist, sondern es ist die Frage, kann ich mit den vorhandenen Produkten, bei denen wir natürlich eine vernünftige Grundqualität voraussetzen, die Ziele des Kunden optimal abbilden. Das heißt, dass eine Produktpalette die Kernbedürfnisse aller Kunden, verteilt über die jeweiligen Segmente, abdecken muss. Darüber hinaus gibt es noch eine bestimmte Produktnische, die insbesondere die Spezialbedürfnisse bestimmter Kundengruppen abbildet. Hierbei sollte eine klare Zuordnung auf der kundensegmentspezifischen Produktmatrix erfolgen, damit auch innerhalb des jeweiligen

Hauses klar kommuniziert ist, zu welchen Kundenanlässen welche Produktempfehlungen getätigt werden.

Auch hier sollten durchaus "Hausphilosophien" definiert werden, die sich auch in der Aus- und Weiterbildung niederschlagen.

C. Die operative Umsetzung

Nachdem derartige Standards definiert wurden, gilt es natürlich, diese Standards im Hause zu implementieren und letztendlich im Markt umzusetzen. Sobald das erfolgt ist, sollte mit aller Kraft daran gearbeitet werden, diesen Prozess zu stabilisieren und natürlich weiter zu forcieren. Im Rahmen der Gestaltung eines solchen eben geschilderten Gesamtprozesses ist es insbesondere wichtig, die einzelnen Schritte optimal aufeinander abzustimmen. Im ersten Schritt sollte eine solche Standardisierung entwickelt werden.

Hierbei gilt es zu sichten, was bereits im jeweiligen Haus an Standardisierungs- und Systematisierungsansätzen vorhanden ist, um diese Ansätze mit in das Gesamtkonzept zu integrieren, sofern sie die hierfür notwendigen Voraussetzungen erfüllen. Darüber hinaus sollte im nächsten Schritt, auf das jeweilige Kundensegment bezogen, ein erfolgreiches Beratungs- und Betreuungsgespräch entsprechend des Qualitätsstandards der jeweiligen Bank entwickelt werden. Um im Rahmen dieser ganzheitlichen und lebensphasenorientierten Beratung und Betreuung dieses Konzept umzusetzen, ist es notwendig, eine Analyse der Produkte des eigenen Hauses bzw. der jeweiligen Kooperationspartner vorzunehmen. Ziel ist es hierbei, diese Produkte in der kundensegmentspezifischen Matrix zu integrieren. Des weiteren ist ein wesentlicher Schritt die Entwicklung des Transportmittels Beratungsleitfaden, der den Berater in der systematisieren Vorgehensweise unterstützt. Hierbei ist es wichtig, bereits bestehende EDV-Tools oder andere entsprechende Tools mit zu integrieren.

Der gesamte Prozess muss eingebettet sein in eine Kommunikationsstruktur, die sicher stellt, dass die Mitarbeiter nicht zu Betroffenen, sondern zu Beteiligten werden. Dies gilt insbesondere für die operativ verantwortlichen Führungskräfte. Das bedeutet, dass gerade der Kommunikation in den verschiedensten Schnittstellen eine erhebliche Bedeutung zukommt.

Sobald die oben aufgeführten Schritte erfolgreich umgesetzt sind, werden die Ergebnisse in ein für das jeweilige Haus individuelles Training/Coachingkonzept integriert. Vorausgegangen sind während des Standardisierungs- und Systematisierungsprozesses verschiedenste Testkäufe im jeweiligen Haus, sowie die Durchführung strukturierter Interviews mit den an der jeweiligen Maßnahme beteiligten Mitarbeitern. Danach sollten idealerweise die Führungskräfte über Workshops und Seminare in die neue Thematik eingebunden werden, um sie dauerhaft als Coaches für ihre Mitarbeiter zu qualifizieren. Die Kernaufgabe der Führungskräfte liegt in Zukunft darin, diesen Prozess aktiv zu begleiten und zu gestalten. Im Anschluss ergeben sich dann verschiedene Trainingsmodule mit den Mitarbeitern, die einen sehr umsetzungs- und praxisorientierten Focus haben. Hierbei geht es im wesentlichen darum, die Mitarbeiter in die Lage zu versetzen, mit den neuen Beratungshilfsmitteln effektiv und erfolgsorientiert zu arbeiten. Um den regelmäßigen Praxistransfer zu sichern, sollten die Teilnehmer solcher Trainings zwischen den einzelnen Einheiten Vereinbarungen treffen, die auch mit quantitativen Zielgrößen unterlegt werden.

Die Erfahrung zeigt, dass nur der konsequente Einsatz eines solchen entwickelten Hilfsmittels und die konsequente Umsetzung der geschaffenen Beratungslogik dazu führt, dass in der Praxis ein solcher Prozess auch dauerhaft fruchtet. In einem zweiten Workshop, der sich den jeweiligen Trainingseinheiten anschließt, sollten die Führungskräfte ein Review machen, um zu analysieren, wo das Haus im Rahmen dieses Prozesses aktuell steht. Hierbei gilt es insbesondere, Umsetzungsprobleme zu identifizieren und zu lösen. Danach gibt es dann ein Abschlussgespräch, das eher den Charakter einer Bewertung hat, und gleichzeitig die weitere Perspektive aufzeigt. Kernziel eines solchen Gespräches ist es, den positiv eingeleiteten Prozess zu stabilisieren und weiter voran zu treiben. Ab diesem Zeitpunkt ist es für jedes Haus entscheidend, weiter am "Ball zu bleiben". Denn nur durch das konsequente Einfordern der Umsetzung der jeweiligen Beratungslogik und das konsequente Nachhalten des Einhaltens dieser Logik, lässt sich dieser Prozess weiter vorantreiben. Die wesentlichen sieben Schritte sind noch einmal in dem beigefügten Chart aufgeführt.

Die konsequente Inangriffnahme derartiger Veränderungsprozesse ist sicherlich eine der größten Herausforderungen der nächsten Jahre. Somit sollte das Hauptaugenmerk des Bankmanagements in Zukunft noch stärker auf die Optimierung des eigentlichen Vertriebs- und Verkaufsprozess gerichtet werden.

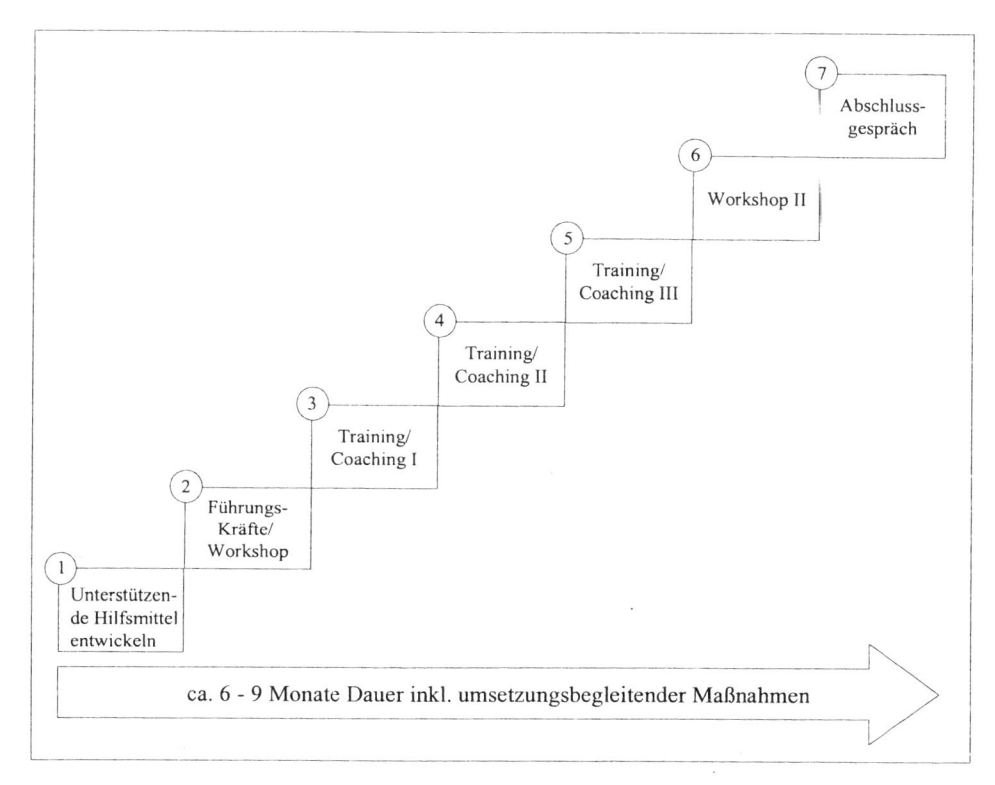

```
                                                    ⑦─┐
                                                      │ Abschluss-
                                                      │ gespräch
                                              ⑥───┐
                                                  │ Workshop II
                                        ⑤───┐
                                            │ Training/
                                            │ Coaching III
                                  ④───┐
                                      │ Training/
                                      │ Coaching II
                           ③────┐
                                │ Training/
                                │ Coaching I
                    ②────┐
                         │ Führungs-
                         │ Kräfte/
                         │ Workshop
            ①────┐
                 │ Unterstützen-
                 │ de Hilfsmittel
                 │ entwickeln
```

ca. 6 - 9 Monate Dauer inkl. umsetzungsbegleitender Maßnahmen ➤

Abbildung 3: Optimale Abstimmung der Schritte bei der Umsetzung

Ich bin mir sicher, dass die Banken allerbeste Chancen haben, in dem sich dramatisch verändernden Umfeld des Finanzdienstleistungsmarktes weiterhin eine dominierende und starke Rolle zu spielen. Hierzu sind aber einschneidende Veränderungen in der Vertriebskultur und der Vertriebsmentalität erforderlich. Dies betrifft nicht nur den jeweiligen Berater, sondern insbesondere die jeweiligen Führungskräfte, die einen solchen Prozess begleiten und fördern müssen. Wer sich dieser Herausforderung erfolgreich stellt, wird auch in wirtschaftlich schwierigen Zeiten, wie wir sie derzeit erleben, eine stabile Ertragssituation haben und wird wesentlich weniger anfällig für konjunkturelle Schwankungen sein.

Aus diesem Grunde ist auch das derzeitig problematische wirtschaftliche Umfeld ein idealer Zeitpunkt, um sich für die Zukunft neu und gestärkt aufzustellen.

Hierbei wünsche ich Ihnen viel Erfolg!

Abbildungsverzeichnis

Seite

Abbildung 1: Vorteile des standardisierten Beratungsleitfadens...80

Abbildung 2: Optimale Kommunikation mit dem Kunden...81

Abbildung 3: Optimale Abstimmung der Schritte bei der Umsetzung......................................85

Financial Planning –
Neue Dienstleistungen im modernen Private Banking

Aleidus G. Bosman
Financial Planning Management
UBS AG

Gliederung

Seite

- A. Einleitung 89
- B. Financial Planning im wirtschaftlichen Umfeld des Private Banking 91
  - I. Private Banking als Wachstumsmarkt 91
  - II. Zunehmende Komplexität, erhöhte Kundenansprüche und geändertes Kundenverhalten 94
  - III. Das moderne Private Banking als Chance und Leistungsauftrag für das Financial Planning 94
- C. Financial Planning: Konzept einer neuen Dienstleistung 96
  - I. Übersicht 96
  - II. Interdisziplinarität des Financial Planning 97
  - III. Life Cycle Planning 98
  - IV. Dienstleistungen und Produkte 100
  - V. Beratungsablauf 102
    - a) Planung in sechs Schritten 103
    - b) EDV-Unterstützungssysteme 104
    - c) Betriebsorganisation 105
  - VI. Der persönliche Finanzplan als Ergebnis 106
  - VII. Die zielorientierte Finanzplanung als Alternative 107
- D. Nutzen des Financial Planning aus Kundensicht 109
- E. Nutzen des Financial Planners für den Anbieter 111
- F. Entwicklungen und Herausforderungen 113
  - I. Allgemeine Trends 113
  - II. Bedürfnisorientierung und skalierbare Lösungen 114
  - III. Ausbildung 115
  - IV. Zusammenfassung der wesentlichen Trends 118
- Abbildungsverzeichnis 120

A. Einleitung

Die Finanzindustrie ist weltweit einem starken Wandel unterworfen. Dies gilt seit geraumer Zeit insbesondere auch für das Private Banking. In den hochentwickelten Ländern setzt sich das Wachstum der privaten, in den Sozialversicherungswerken gebundenen, Vermögen und des allgemeinen Wohlstands mit den üblichen zyklischen Bewegungen fort. Die Kehrseite dieses langfristig wachsenden und damit attraktiven Marktes ist der sich laufend intensivierende Wettbewerbsdruck, einhergehend mit, in einem zunehmend komplexeren Umfeld, stark gewandelten, anspruchsvolleren Kundenbedürfnissen und Kundenverhalten. Neuausrichtungen, Restrukturierungen in der Industrie und eine qualitative wie quantitative Verbesserung des Dienstleistungsangebots und der Distributionsformen sind die sichtbaren Folgen. Zahlreiche neue, zum Teil auch branchenfremde Wettbewerber drängen in den attraktiven Markt, der bei begrenztem Kapitaleinsatz und geringen Risiken bisher relativ stabile und langfristige, wiederkehrende Erträge verspricht.

Aus der Sicht der Schweizer Banken ist dabei zusätzlich zu beachten, dass in ihrem traditionell stärksten Bereich, dem internationalen "cross border" Geschäft (d.h. dem grenzüberschreitenden Geschäft mit der Auslandkundschaft), nicht nur bisherige Wettbewerbsstrukturen aufgebrochen werden, sondern zusätzlich ist das regulatorische Umfeld unter starken internationalen Druck geraten. Mit dem Kampf gegen Drogenkriminalität und Geldwäscherei sowie der berechtigten Forderung nach international gültigen "Know your customer"-Minimalstandards, wird von den Hochsteuerländern auch ein Feldzug gegen den sogenannten "unlauteren" Steuerwettbewerb geführt, dem auch der Schutz der privaten Sphäre weichen soll. Damit wird auch das Bankkundengeheimnis mit aller Deutlichkeit in Frage gestellt. Die entsprechenden internationalen Initiativen und Anstrengungen sind hinlänglich bekannt und sollen hier nicht weiter erörtert werden. Sie zwingen jedoch insbesondere die Schweizer Banken, ihre Geschäftsmodelle in diesem Bereich zu überdenken und auch strategische Anpassungen vorzunehmen.

Die zukünftige Auseinandersetzung um die Gunst der wohlhabenden Kunden verspricht härter zu werden. Daher sollen klarere Strategien und Strukturen, eine verstärkte Kundenausrichtung, der optimierte Einsatz von Technologie, neue Produkte und Distributionsformen, Wettbewerbsvorteile sichern helfen. Gefragt sind hierbei nicht nur neue Geschäftsmodelle, sondern auch über den bisherigen Ansatz hinausgehende, die reine Vermögensverwaltung ergänzende Dienstleistungen. Seit einiger Zeit ist auch das sogenannte "Financial Planning" oder die systematische Finanzberatung insbesondere auch in Europa im Vormarsch. Mittels sorgfältiger, systematischer und umfassender Planung soll sie zu einer vorausschauenden, massgeschneiderten Gesamtoptimierung von finanziellen Zielen, der persönlichen Situation und der Risiken beitragen. Sie ist deshalb von besonderem Interesse, weil sie, richtig angewendet, zum einen dem Kunden einen echten Mehrwert verschafft. Nicht ohne Grund bezeichnete Stanley O'Neil, Leiter der US Private Client Group von Merill Lynch kürzlich den Finanzplan als "das Top-Bedürfnis Nr. 1" für die private Kundschaft (6th Annual Financial News Media Symposium vom 14.06.2001 in New York). Zum anderen eröffnet sie dem Dienstleistungsanbieter eine nachhaltige Intensivierung der Kundenbeziehung und die Eröffnung zusätzlicher Geschäftsmöglichkeiten. In der Vermögensverwaltung wird die Finanzberatung immer mehr zu einem festen strategischen und integrierten Bestandteil des Dienstleistungsangebotes. Was die US Financial Planner Association ausführt – "The Financial Planning profession is booming and planners are busier than ever!" – gilt mittlerweile auch für manche Länder in Europa. Nach und nach werden spezifische Berufsausbildungen und Zertifizierungen erarbeitet und eingeführt, die notwendigen Spezialisten sind vielerorts bereits Mangelware. Die starke Beachtung, die die Finanzberatung mittlerweile in der Schweiz gefunden hat, lässt sich an den unzähligen Financial Planning Web pages von Banken, Versicherungen und unabhängigen Beratern sowie der inzwischen überall präsenten Werbung ablesen. Werbeversprechen und tatsächliche Leistung liegen allerdings noch oft weit auseinander, wie nicht nur ein von der Zeitschrift "Cash" im Jahr 2000 durchgeführter verdeckter Test bei einigen wenigen Anbietern gezeigt hat. Für den Kunden ist der Qualitätsvergleich angesichts fehlender Standards und Berufsregeln schwierig. Hier ist für die Zukunft Abhilfe zu schaffen, um dem Kunden die richtige Selektion zu ermöglichen.

Ebenso fehlt es an einem fest umrissenen, etablierten Dienstleistungsbegriff. Neben Finanzberatung stehen Begriffe wie Finanzplanung, Financial Consulting, Bank Assurance, Allfinanz, One stop Banking, Vorsorgeplanung, strukturierte Vermögensplanung, Family Office, die bisweilen ähnliches meinen, aber durchaus nicht deckungsgleich sind. Sodann bestehen deutliche Unterschiede zwischen der inhaltlich länderspezifischen Finanzberatung am Steuer- oder Wohnsitzdomizil des Kunden ("Domestic Financial Planning"), der internationalen grenzüberschreitenden und der Offshore Finanzberatung. Unterschiede ergeben sich auch je nach angesprochenem Kundensegment.

Das Vorgesagten erhellt, dass eine Eingrenzung der Thematik für die nachfolgenden Ausführungen Not tut. Vorab soll im wesentlichen nur auf das Domestic Financial Planning näher eingegangen werden. Sodann beschränken sich die Darlegungen darauf, die allgemeinen Grundzüge, Prinzipien und Entwicklungstendenzen aus Sicht einer Bank aufzuzeigen.

B. Financial Planning im wirtschaftlichen Umfeld des Private Banking

Es steht ausser Frage, dass das Financial Planning gerade in Verbindung mit dem Private Banking deutlich an Bedeutung gewonnen hat. Ursprünglich oftmals etwas stiefmütterlich als akzessorische Sonderdienstleistungen in treuhandähnlicher Art betrieben, ist die Finanzberatung heute in der Regel nicht mehr eine eigenständige Dienstleistung, sondern in das gesamte Dienstleistungsangebot sowie in die organisatorische Struktur der Bank fest eingebettet. Obwohl zu einer Supportdienstleistung geworden, hat es durch die systematische Vernetzung an strategischer Bedeutung gewonnen. Die Entwicklung und Funktion des Financial Planning ist daher zwingend vor diesem Hintergrund der Veränderungen im Private Banking zu sehen.

Nun sind die wesentlichen mittel- und längerfristigen Trends zur Genüge bekannt. Zahlreiche Studien bestätigen praktisch ausnahmslos dieselben Fakten und treibenden Faktoren, mit denen alle Private Banking Institute sich konfrontiert sehen und die, soweit sie auch für das Financial Planning von direkter Bedeutung sind, sich zur Hauptsache auf folgende Faktoren zusammenfassen lassen:
– starkes Marktwachstum
– fundamentaler Wandel in der Kundenbasis und im Kundenverhalten

I. Private Banking als Wachstumsmarkt

Der stetige wirtschaftliche Fortschritt hat in der Vergangenheit zu einem starken Anwachsen des Wohlstandes geführt. Technologischer Fortschritt, laufend erhöhte Effizienz und Produktivität, erweiterte und sich vermehrt öffnende Märkte mit global optimierter Arbeitsteilung und rasantem Handelswachstum, stehen hinter einem über Zeit kontinuierlichen und eindrucksvollen Anstieg der Bruttosozialprodukte der bedeutenden Volkswirtschaften und des allgemeinen Lebensstandards in den wirtschaftlich erfolgreichen Ländern und Regionen. Unbestritten ist, dass eine solche Entwicklung nur für die Vergangenheit gesicherte Tatsache ist, und nicht unbesehen und gradlinig in die Zukunft extrapoliert werden kann. Die Geschichte der Menschheit ist zu Genüge von Rückschlägen, lang anhaltenden Perioden der Stagnation und gar des Niederganges ganzer Regionen und Kulturen sowie globalen Verschiebungen der Gewichte geprägt. In der pragmatisch relevanten, einigermassen überblickbaren Ausschau besteht jedoch aus heutiger Sicht kein Anlass zur Annahme, dass der grundlegende Wachstumstrend abrupt und nachhaltig auf dem unsicheren Boden aller Prognosen zerschellen sollte. Zwar sind auch im kürzeren Rückblick immer wieder Phasen des Abschwunges zu verzeichnen gewesen. Vor solchen zyklischen Rückschlägen werden wir auch in Zukunft nicht verschont bleiben. Sie schärfen den Blick für die Realität und sorgen zuverlässig dafür, dass das Wissen um die Notwendigkeit der Leistungsbereitschaft und -fähigkeit sowie die grundsätzliche Akzeptanz des Wettbewerbs als Vorbedingungen für Fortschritt und Wachstum, ja nur schon für die Sicherung des Erreichten, erhalten bleiben. Gerade in jüngster Zeit hat sich gezeigt, dass vergangenes Wachstum bisweilen etwas gar unbesonnen und leichtfertig in die Zukunft projiziert und die Wirtschaftszyklen voreilig als eine Erscheinung der Vergangenheit abgetan worden sind. Überoptimistische Voraussagen sind mittlerweile etwas nüchterneren Betrachtungen gewichen und die Zuwachsprognosen auf realistischere Werte zurückgenommen worden. Jedoch besteht kein Anlass, am grundsätzlich positiven längerfristigen Trend zu zweifeln.

Erwartetes Wachstum: 7% p.a.

2000		2005 (Prognose)
27	Africa — 0,7	ca. 40
0.6	Eastern Europe — 1.3	
0.5		
1.3	Middle East — 2.1	
3.3	Latin America — 4.8	
4.9	Asia — 7.3	
7.2	Europe — 10.5	
8.8	North America — 13	

Total Vermögen von Personen mit > 1 Million US$ (in 1'000 Mrd. US$)

Quelle: Merrill Lynch/Gemini Consulting.

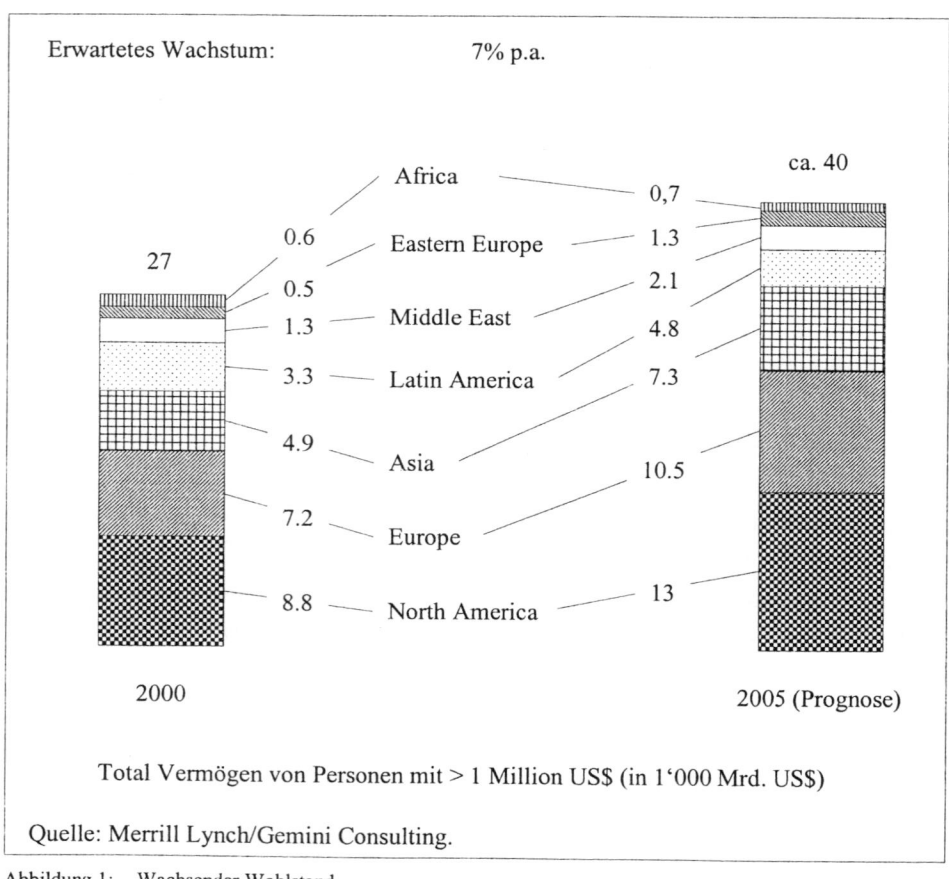

Abbildung 1: Wachsender Wohlstand

Merill Lynch/Gemini Consulting gehen davon aus, dass im Jahr 2000 weltweit ungefähr 7,2 Millionen Personen ein liquides Vermögen von mehr als USD 1 Million besassen. Zusammen wären diese Dollarmillionäre Eigentümer von USD 27'000 Milliarden. Die USA nehmen dabei die Spitzenposition ein, vor Europa und Asien. Für Ende 2005 wird mit einem Anstieg auf USD 40'000 Milliarden gerechnet. Dabei wird davon ausgegangen, dass das Wachstum im Onshore-Bereich ausgeprägter sein wird als im Offshore-Geschäft. Andere Studien bestätigen diesen grundsätzlichen Wachstumstrend. Auch PricewaterhouseCoopers gehen in ihrer Studie 2000/2001 "European Private Banking/Wealth Management Survey" von einem deutlichen Wachstum aus. Für den Schweizer Vermögensverwaltungsmarkt – derzeit insgesamt ungefähr CHF 4'000 Milliarden ohne Berücksichtigung der Versicherungen – wird i.d.R. mit einem Wachstum von ca. 7-10 % p.a. gerechnet.

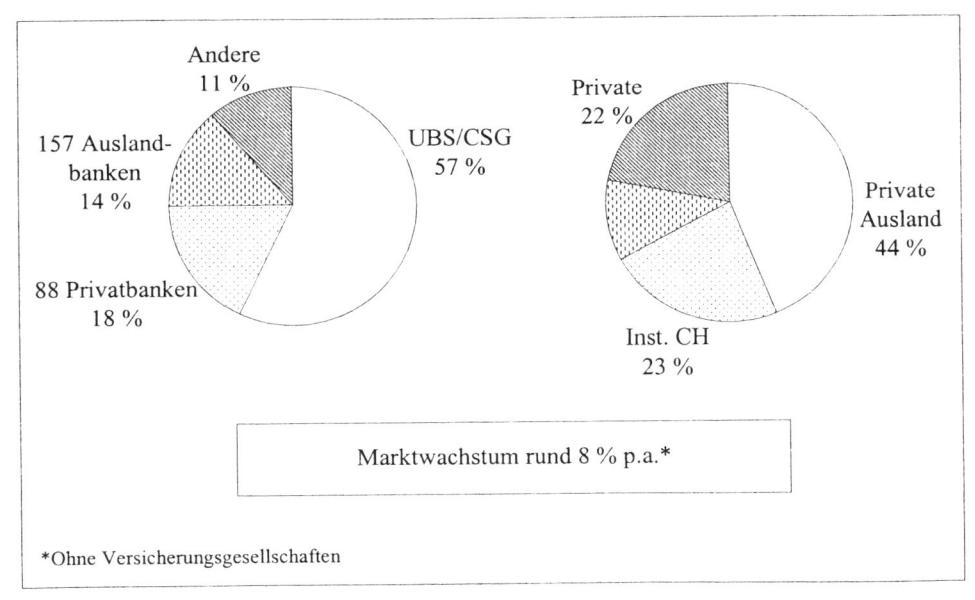

Andere 11 %
157 Auslandbanken 14 %
88 Privatbanken 18 %
UBS/CSG 57 %

Private 22 %
Private Ausland 44 %
Inst. CH 23 %

Marktwachstum rund 8 % p.a.*

*Ohne Versicherungsgesellschaften

Abbildung 2:   Marktvolumen Schweiz

II. Zunehmende Komplexität, erhöhte Kundenansprüche und geändertes Kundenverhalten

Dem vorgenannten Wachstumsumfeld stehen eine zunehmende Komplexität des Geschäftes aufgrund neuer technologischer Entwicklungen, Deregulierung und Sophistizierung der Finanzmärkte, aber auch besser informierte Kunden mit steigenden Ansprüchen und Erwartungen in einem komplexeren Steuer- und Rechtsumfeld gegenüber. Das Private Banking hat sich von einem schwergewichtig vertrauensbasierten und sicherheitsorientierten, zu einem auch leistungs- und ergebnisbezogenen Geschäft entwickelt. Risikosteuerung, Performance, Flexibilität, attraktive neuartige Anlageinstrumente, immer unter Einbezug der steuerlichen und rechtlichen Folgen, und als neueste Entwicklung, das Aufbrechen der vertikalen Integration mit einem sich abzeichnenden Übergang zum "best of breed"-Angebot, haben das ursprüngliche Anforderungsprofil ergänzt. Gleichzeitig nimmt die Kundenloyalität auf der Suche nach dem besten Preis-/Leistungsverhältnis ab. Das moderne Private Banking hat in der Tat ein anderes Gesicht als das traditionelle Angebot.

III. Das moderne Private Banking als Chance und Leistungsauftrag für das Financial Planning

Die vorgenannten Aspekte führen zwangsläufig zu einer Zunahme des Wettbewerbs. Während das Wachstum zusätzliche Anbieter anzieht, führt der Wettbewerb zu einer Professionalisierung der Industrie und einer Verbesserung des Angebots. Aus dem ehemaligen Golfclub-Geschäft wird immer mehr ein umkämpfter Markt mit hoch differenzierten Produkten und Dienstleistungen, kleiner werdenden Margen und zunehmend selbstbewussteren Kunden. "Nichts illustriert besser die Veränderung im Private Banking Markt als die Entscheidung der blaublütigen Coutts, eine Werbeagentur zu engagieren" (FT.com, James Mackintosh, 22.6.2001).

Die Notwendigkeit einer Abhebung gegenüber dem Wettbewerber, etwa über eine Sophistizierung des Angebots zur Beantwortung komplexerer Kundenbedürfnisse, hat auch die Bedeutung des Financial Planning stark in den Vordergrund gerückt. Die Abdeckung nicht nur der unmittelbaren Anlagebedürfnisse, sondern der Einbezug längerfristig ergebnisrelevanter Faktoren aus der Situation und den finanziellen Lebenszielen des Kunden (über eine Risiko-, Liquiditäts-, Vorsorge- und Nachfolgeplanung, steuerliche und rechtliche Beratung) stellt ein starkes, kompetitives Element zur Kundengewinnung und Kundenbindung dar. In diesem

Sinn erlaubt das Financial Planning eine Professionalisierung und Erweiterung des Angebots mit wertintensiver Beratung und Differenzierung. Voraussetzung für einen solchen erfolgreichen Beitrag ist allerdings eine qualitativ einwandfreie, hochstehende Dienstleistung.

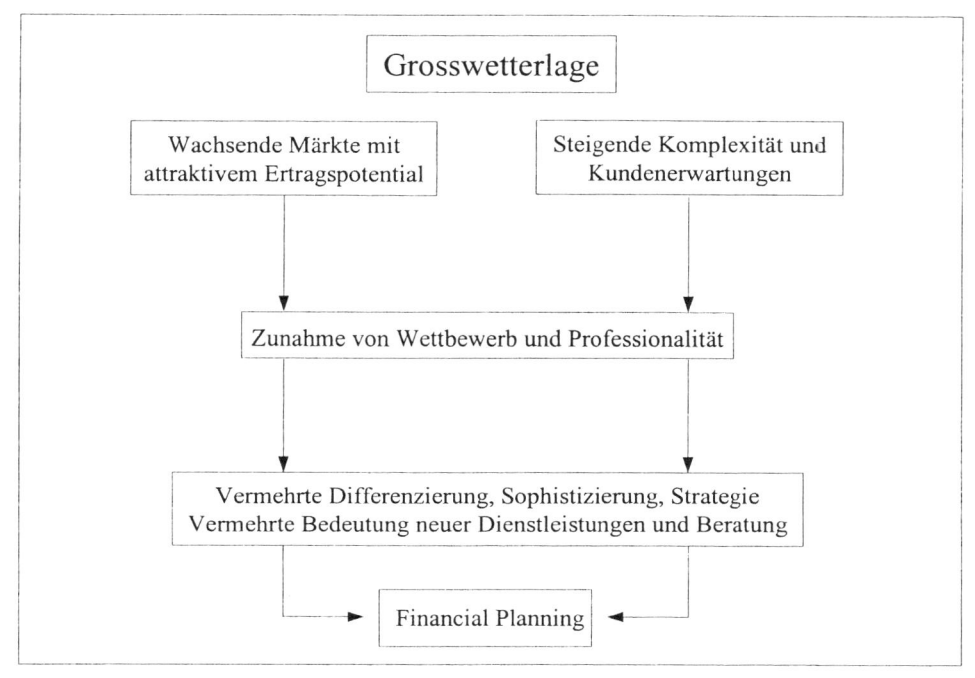

```
                        ┌──────────────────┐
                        │  Grosswetterlage │
                        └──────────────────┘
   ┌─────────────────────────┐   ┌─────────────────────────┐
   │ Wachsende Märkte mit    │   │ Steigende Komplexität und│
   │ attraktivem Ertragspotential │ Kundenerwartungen    │
   └─────────────────────────┘   └─────────────────────────┘
                │                              │
                ▼                              ▼
          ┌────────────────────────────────────────┐
          │ Zunahme von Wettbewerb und Professionalität │
          └────────────────────────────────────────┘
                │                              │
                ▼                              ▼
      ┌──────────────────────────────────────────────────┐
      │ Vermehrte Differenzierung, Sophistizierung, Strategie │
      │ Vermehrte Bedeutung neuer Dienstleistungen und Beratung │
      └──────────────────────────────────────────────────┘
                        │
                        ▼
                ┌──────────────────┐
                │ Financial Planning │
                └──────────────────┘
```

Abbildung 3:   Private Banking Umfeld im Wandel

C. Financial Planning: Konzept einer neuen Dienstleistung

I. Übersicht

Schon immer endete das Berufsverständnis des Private Bankers nicht bei der reinen Portfolioverwaltung, sondern schloss eine darüber hinausgehende persönliche Betreuung des Kunden mit Dienstleistungen im persönlichen Bereich ein. Immer wiederkehrende typische Beispiele sind etwa die Hilfe des Anlageberaters bei der Suche nach einem geeigneten Internat für die Kinder des Kunden, die Buchung von Hotels und Operntickets, die Aufspürung des richtigen medizinischen Spezialisten und ähnliches. Dies sind jedoch Selbstverständlichkeiten einer guten persönlichen Betreuung im oberen Kundensegment und ist nicht Teil einer sophistizierten gesamtheitlichen Finanzbetreuung eines Kunden.

Die Finanzberatung verfolgt vielmehr einen umfassenden Ansatz. Sie beschränkt sich nicht auf irgendein Einzelbedürfnis oder eine Gelegenheitsdienstleistung, sondern betrachtet in einer integrierten und systematischen Weise alle relevanten Elemente des Kunden und seiner Lebenssituation. An die Stelle einer rein isolierten Vorgehensweise bezieht die Finanzberatung folgende Aspekte ein:

- alle Vermögenswerte und Verpflichtungen, Einnahmen und Ausgaben
- alle relevanten Personen im Umfeld des Kunden
- alle Ereignisse im Sinne einer Lebenszyklus-Planung ("Life Cycle Planning")

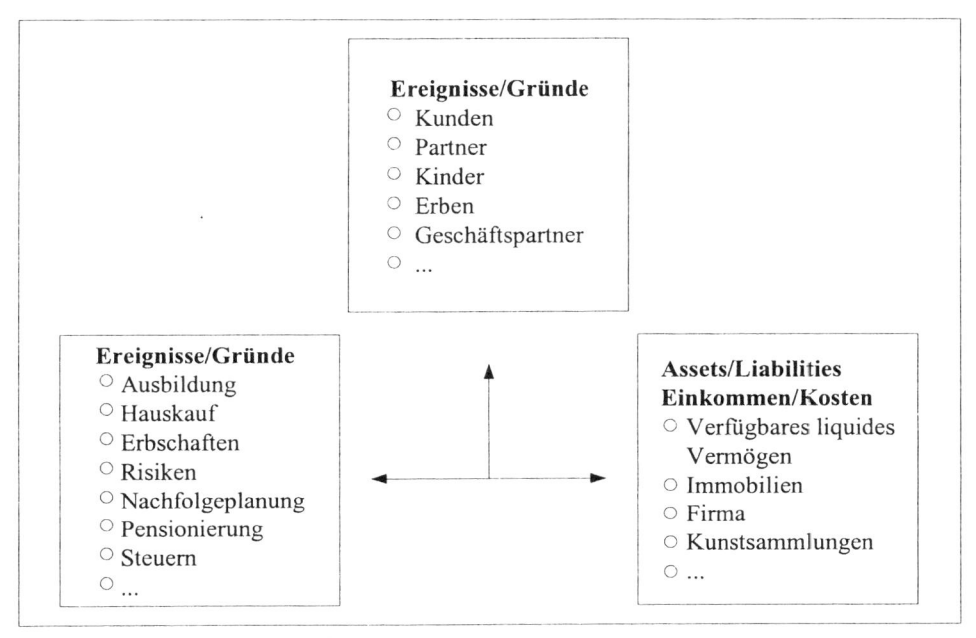

Ereignisse/Gründe
- Kunden
- Partner
- Kinder
- Erben
- Geschäftspartner
- ...

Ereignisse/Gründe
- Ausbildung
- Hauskauf
- Erbschaften
- Risiken
- Nachfolgeplanung
- Pensionierung
- Steuern
- ...

Assets/Liabilities Einkommen/Kosten
- Verfügbares liquides Vermögen
- Immobilien
- Firma
- Kunstsammlungen
- ...

Abbildung 4: Verbundene Netzwerke

Finanzbedürfnisse und Dienstleistungen sind hierbei in einem weiten Sinn zu verstehen. Financial Planning kann umschrieben werden als ganzheitliche, umfassende und "Life Cycle"-orientierte Betrachtung, Beratung und Betreuung des Kunden unter Berücksichtigung von Anlage-, Vorsorge-, Nachfolge-, Finanzierungs-, Finanzplanungs- und Steueraspekten.

II. Interdisziplinarität des Financial Planning

Die angesprochenen Bereiche sind hierbei interdisziplinär anzugehen. Es ist von grosser Bedeutung, dass die einzelnen Fachgebiete mit ihren gegenseitigen Abhängigkeiten betrachtet und vernetzt angegangen werden. Offensichtlich ist dies etwa für den Bereich der Steuern, aber auch für die Liquiditätsplanung. Ohne eine solche übergeordnete und interdisziplinäre Denkweise sind suboptimale Resultate oder gar fehlerhafte Ergebnisse vorprogrammiert.

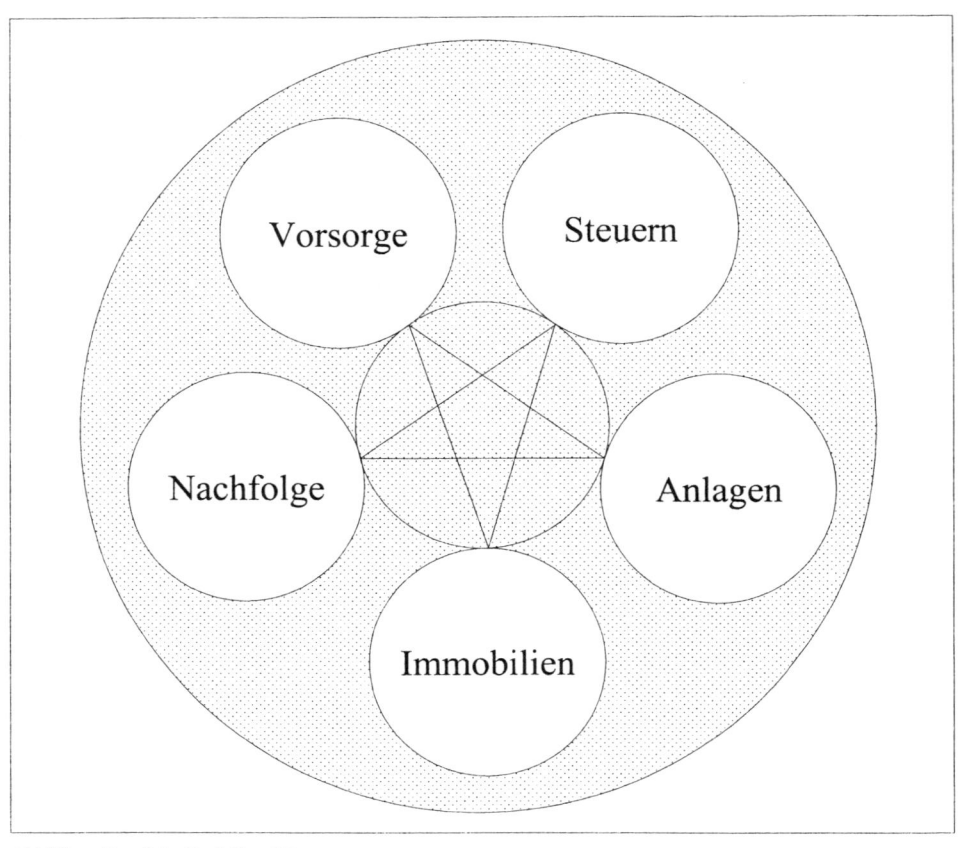

Abbildung 5: Interdisziplinarität

III. Life Cycle Planning

Financial Planning verfolgt einen systematischen Ansatz in einem fortlaufenden Prozess. Kundenziele, Planungsergebnisse und Ablauf der Ereignisse wirken interaktiv und lassen sich nicht in einer Momentaufnahme erschöpfen, sondern sind über die Zeitachse zu verfolgen und nachzuführen. Gerade die Lebenszyklen, die die wesentlichen Ereignisse eines standardisierten Lebensablaufs zur Basis haben, sind für eine vorausschauende Planung von grosser Bedeutung. Nur die rechtzeitige, vorausschauende Planung vermag die Gestaltungsmöglichkeiten für den Kunden optimal zu nutzen. Die Erfahrung zeigt allerdings, dass zahlreiche Kunden erst bei Eintritt einer konkreten Situation sich des Handlungsbedarfs und der Notwendigkeit einer Gesamtplanung gewahr werden. In der Regel werden einzig Pensionierungsfragen frühzeitig angegangen. Für eine erfolgreiche Nutzung des Financial Planning ist es für den Private Banker daher von Bedeutung, nicht nur die Kundensituation möglichst umfassend zu kennen, sondern auch die Planungsmöglichkeiten für den Kunden möglichst frühzeitig anzusprechen.

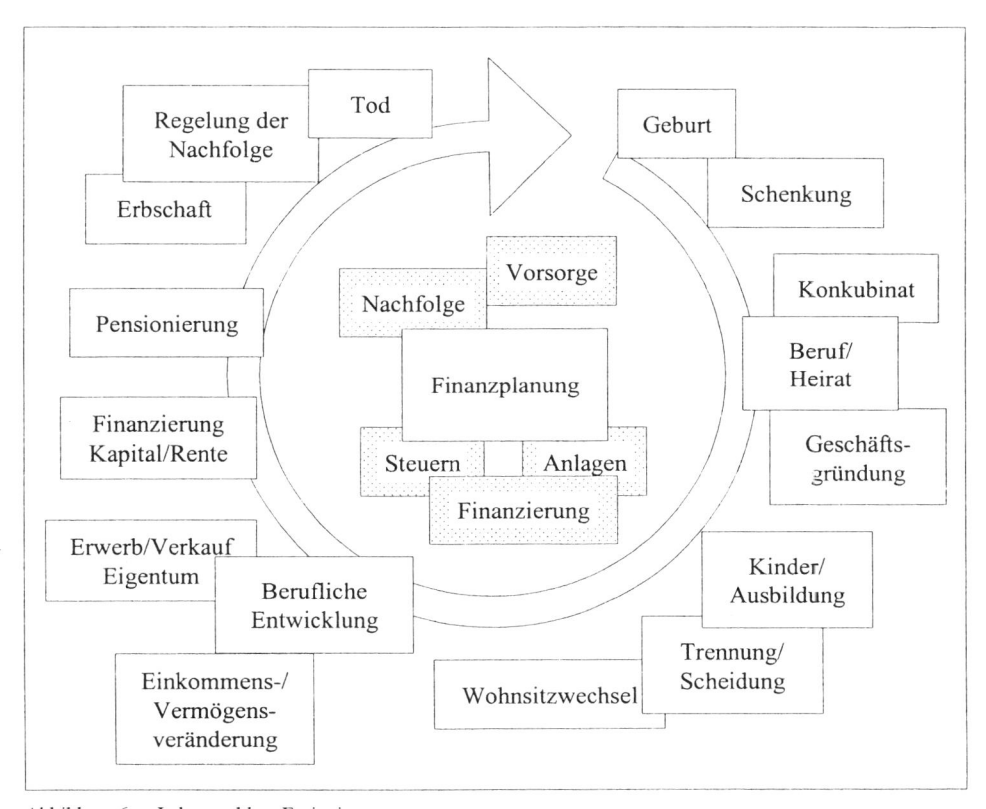

Abbildung 6: Lebenszyklus: Ereignisse

Die graphisch vereinfachte Darstellung der standardisierten Entwicklung von Einkommen und Vermögen in den verschiedenen Lebensphasen lässt die Bedeutung einer solchen fortlaufenden und integrierten Planung offensichtlich werden. Gewisse Themen haben in allen Phasen hohe Aktualität und beschränken sich eindeutig nicht auf Einzelmomente.

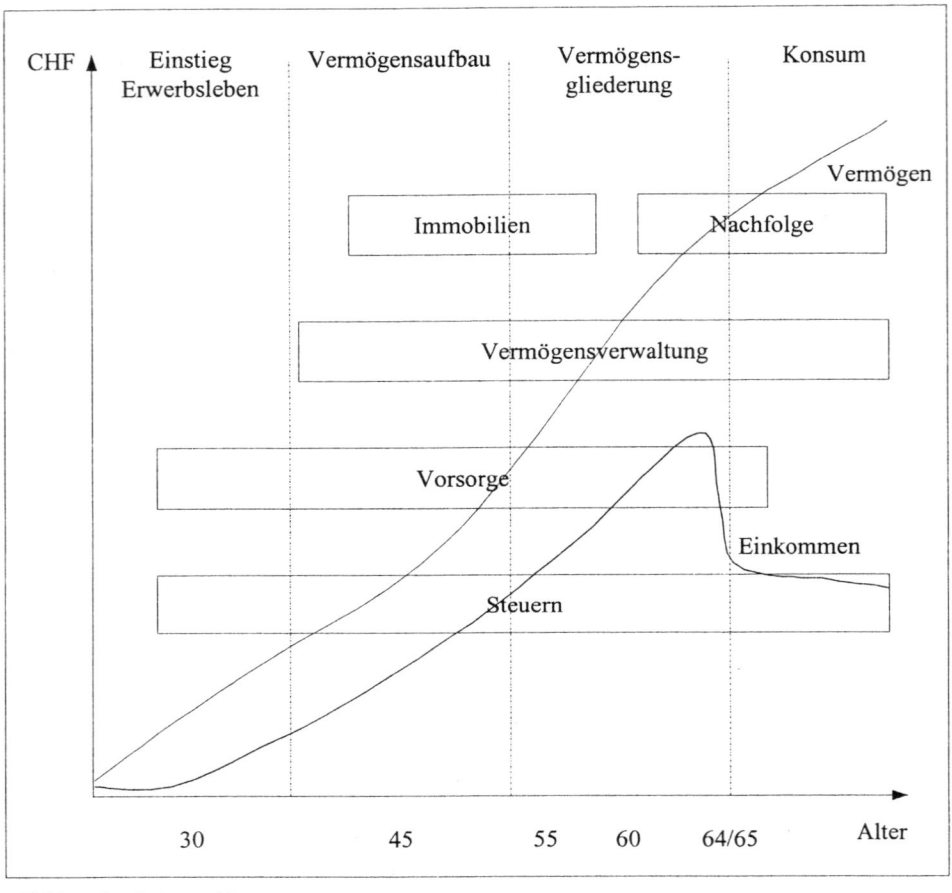

Abbildung 7: Lebenszyklus

IV. Dienstleistungen und Produkte

Der vernetzten Betrachtungsweise und Bedürfnisanalyse steht ein ebenso umfassendes Dienstleistungs- und Produktespektrum gegenüber, mittels welchem die erkannten Handlungsnotwendigkeiten abgedeckt werden können. Selbstverständlich ist das Produkte- und Dienstleistungsangebot im einzelnen vom jeweiligen Anbieter abhängig und variiert zusätzlich nach Kundensegment. Während einige Anbieter sich auf rein finanz- und anlageorientierte Dienstleistungen beschränken, offerieren andere auch Spezialdienstleistungen (reine Risiko- und Sachversicherungen; Kunstanlagen; "VIP-Services", "walk the dog", Betreuung von Vergnügungsinvestitionen wie Yachten, Ferienhäusern usw.). Auch das jeweilige regulatorische Umfeld kann die Dienstleistungsbreite beeinflussen. So bleibt in verschiedenen europäischen Ländern, anders als in der Schweiz, eine eigentliche Steuerberatung den Banken verschlossen.

Vermehrt werden auch anbieterunabhängige Produkte eingesetzt. Dahinter stehen neben Risiko- oder Effizienzüberlegungen generelle Trends zur vertikalen Desintegration mit einem Übergang zur für Drittanbieter offenen Produkteplattform. Insbesondere im obersten Kundensegment wird der Unabhängigkeit des Beraters von einem eigenen Produkteverkauf verstärkt Bedeutung zugemessen. Im eigentlichen "Family Office" besteht andernfalls die Gefahr, dass die Beratungsqualität durch einen forcierten Produkteverkauf beeinträchtigt werden könnte.

		Umfeld		
	Familie	Kunde	Geschäft	
		Persönlich		

Kundenberater

Dienstleistungen	Strategische Vermögensplanung	Vermögensschutz	Steuerplanung	Nachlassplanung	Family Office
	Immobilienberatung	Planung des Lebensstils im Rentenalter	Art Banking	Versicherungsplanung	Asset Allocation
Produkte	Vermögensplan	Finanzplan	Trust	Verwaltete Unternehmen	Strukturierte Steuerprodukte
	Stiftung	Lebensversicherung	Steuererklärungen	Testamentsvollstreckung	Buchführung für Kunden

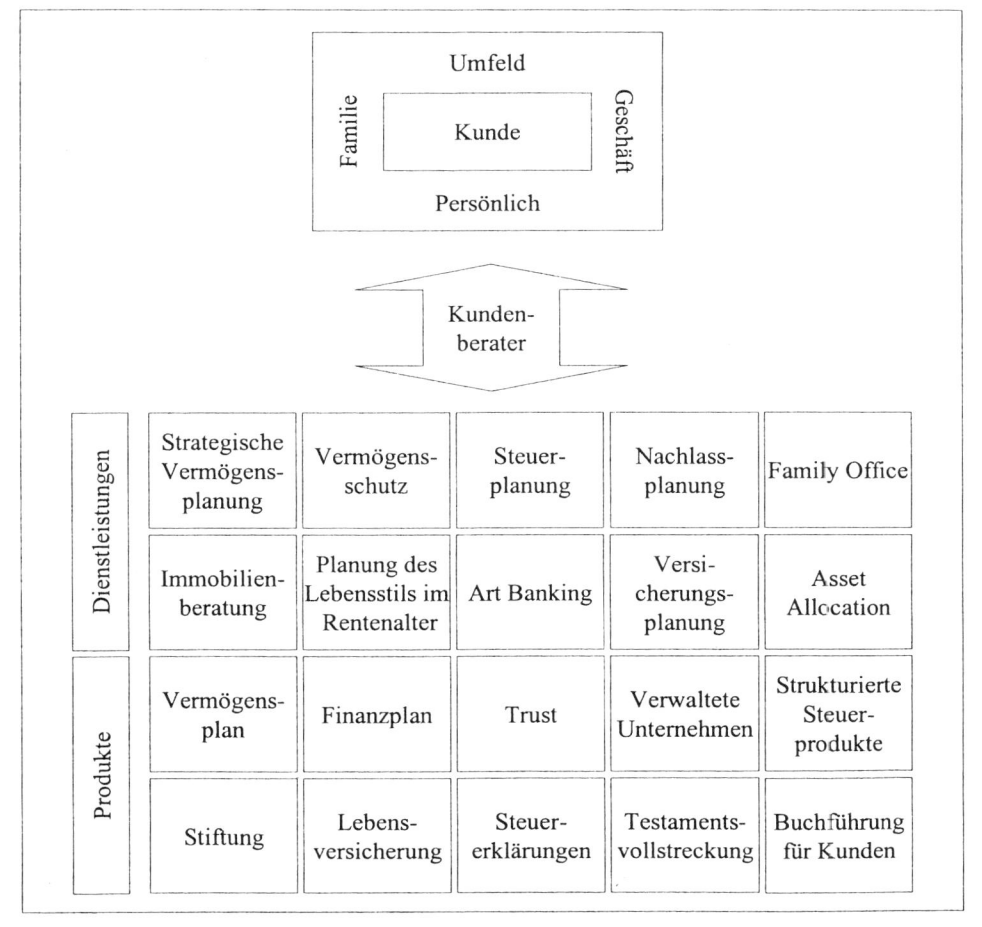

Abbildung 8: Dienstleistungen und Produkte

V. Beratungsablauf

Die Sicherstellung einer umfassenden, konsistenten und fortlaufenden Beratung bedingt ein systematisches Vorgehen, soll das für den Kunden nachvollziehbare und verwertbare Ergebnis tatsächlich erzielt werden. Damit aus der Beratung ein persönlicher, massgeschneiderter und in sich abgestützter Finanzplan ("Wealth Plan") hervorgeht, sind drei Grundvoraussetzungen zu erfüllen:
- Sauberer, strukturierter Planungsablauf: Dies bietet Gewähr dafür, dass die komplexe Kombination von vernetzten Bedürfnissen und Themen mit einer über die Zeitachse wandelnden Lebenszyklus-Betrachtung auch erfolgreich realisiert werden kann (dazu nachstehend lit. a).
- Professionelle EDV-Instrumente: In Anbetracht der Basisdatenfülle und der Notwendigkeit, die verschiedenen Szenarien mit wechselnden Planungsannahmen jeweils rasch durchrechnen und vergleichen zu können, ist eine solche IT-Unterstützung unerlässlich (dazu nachstehend lit. b).
- Geeignete Betriebsorganisation: Ein effizientes und erfolgreiches Zusammenspiel von Kundenberatern, "Financial Planner"-Generalisten und -Fachspezialisten sowie einer effizienten Abwicklung und Administration ist durch eine entsprechende Betriebsorganisation sicherzustellen (dazu nachstehend lit. c).

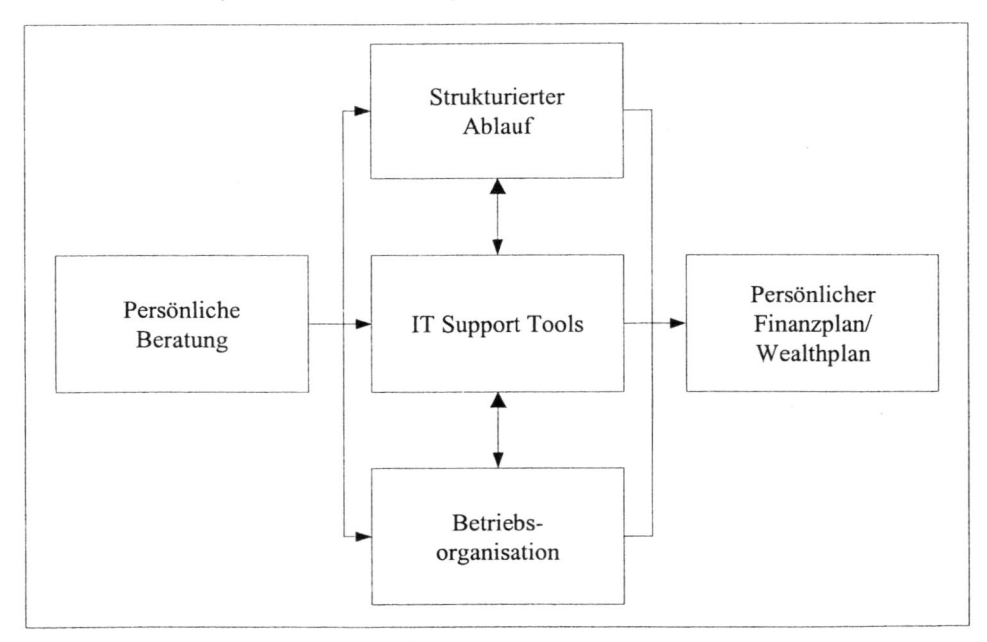

Abbildung 9: Von der Beratung zum persönlichen Finanzplan

a) Planung in sechs Schritten

Für den Planungsablauf hat sich inzwischen ein Vorgehen in sechs Schritten etabliert. Das sogenannte "Six step planning" ist auch in den internationalen Richtlinien der Ausbildung zum zertifizierten Finanzplaner CFP ("Certified Financial Planner") enthalten und entspricht einem Industriestandard. Die sechs verschiedenen Phasen lassen sich wie folgt darstellen:

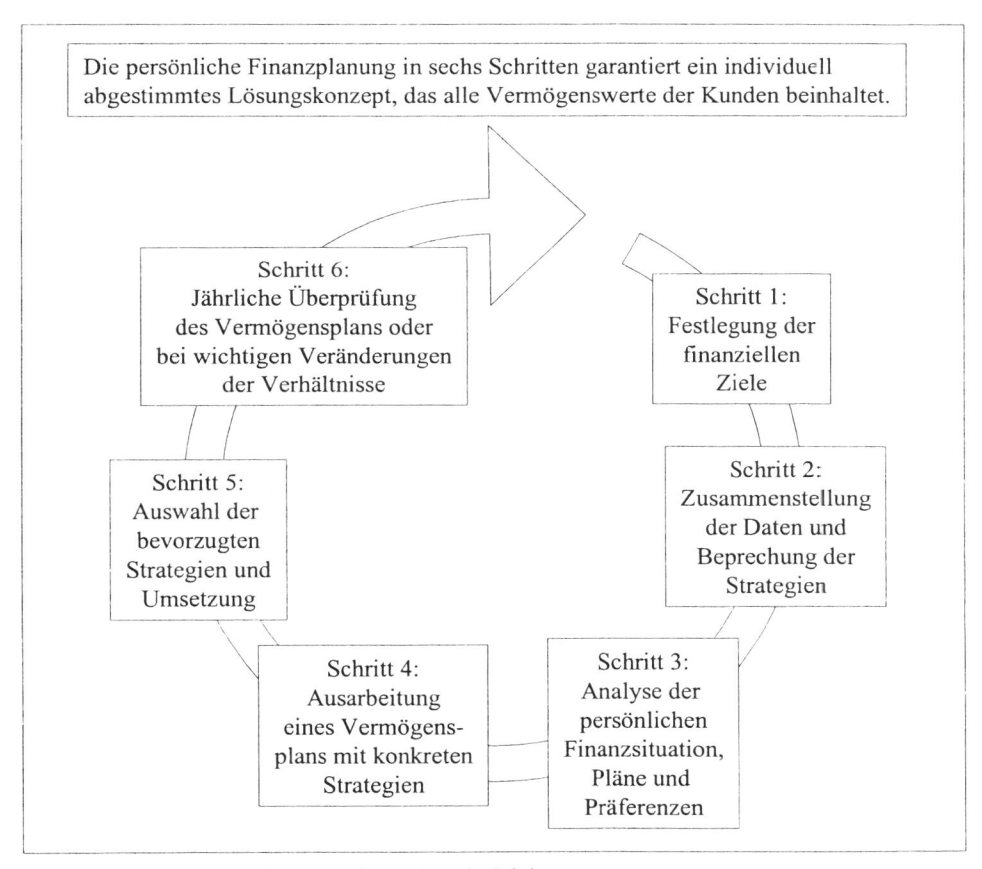

> Die persönliche Finanzplanung in sechs Schritten garantiert ein individuell abgestimmtes Lösungskonzept, das alle Vermögenswerte der Kunden beinhaltet.

- **Schritt 1:** Festlegung der finanziellen Ziele
- **Schritt 2:** Zusammenstellung der Daten und Beprechung der Strategien
- **Schritt 3:** Analyse der persönlichen Finanzsituation, Pläne und Präferenzen
- **Schritt 4:** Ausarbeitung eines Vermögensplans mit konkreten Strategien
- **Schritt 5:** Auswahl der bevorzugten Strategien und Umsetzung
- **Schritt 6:** Jährliche Überprüfung des Vermögensplans oder bei wichtigen Veränderungen der Verhältnisse

Abbildung 10: Die persönliche Finanzplanung in sechs Schritten

Der Prozess beginnt mit der Festlegung der Ziele des Kunden. Dem folgt die Zusammenstellung aller relevanten Daten und eine Besprechung der möglichen Strategien. Der dritte Schritt, die Analyse der Bedürfnisse des Kunden, ist zentral. Über die Bedürfnisse und Vorstellungen aus Sicht des Kunden müssen klare Kenntnisse vorliegen. Wird dies statt dessen durch die Sichtweise des Beraters vollständig überspielt, ist ein Misserfolg auch bei fachtechnisch korrektem Ergebnis vorprogrammiert. Gestützt hierauf wird nun ein auf den Kunden abgestimmter Vermögensplan mit konkreten Strategien erarbeitet. Im fünften Schritt sind nach der Auswahl des geeigneten Vorgehens die entsprechenden Massnahmen einzuleiten und umzusetzen. Gerade an diesem Punkt scheitern in der Praxis zahlreiche Finanzpläne und enden als Edelpapier in irgendwelchen Schubladen. Mit dem Plan selbst ist die Beratung keineswegs abgeschlossen. Erst dessen Umsetzung führt zu einem Ergebnis. Beharrlichkeit und Disziplin des Kundenberaters und Financial Planners sind erforderlich. Schliesslich bedarf jeder Plan der periodischen Überprüfung. Diese drängt sich insbesondere auf, wenn neue Ereignisse auftreten. Der Plan muss zwingend von Zeit zu Zeit überprüft werden, um rechtzeitig Fehlentwicklungen feststellen, Abweichungen korrigieren und neue Gegebenheiten berücksichtigen zu können.

b) EDV-Unterstützungssysteme

Erst die heutzutage verfügbaren leistungsfähigen EDV-Unterstützungssysteme erlauben die Erfassung und Auswertung der Daten. Sie ermöglichen eine rasche Variation der Planungsdaten und Grundannahmen. Die finanziellen Aspekte, einschliesslich der Steuerfolgen jeder möglichen Massnahme, werden automatisch durchgerechnet und können numerisch wie graphisch dargestellt werden. Idealerweise werden solche Systeme zusätzlich mit den Grundsystemen der Bank vernetzt. Manche dieser Systeme beinhalten skalierbare, auf spezifische Marktsegmente oder Bedürfnisse ausgerichtete Funktionalitäten. Es ist jedoch zu berücksichtigen, dass solche Systeme mittlerweile zwar unerlässlich und fester Bestandteil einer professionellen Finanzplanung sind, letztlich aber immer reine Unterstützungsinstrumente für den Planer bleiben. Die eigentliche Analyse der Rechenergebnisse und nachfolgende Beratung des Kunden müssen vom Financial Planner selbst ausgehen und lassen sich nicht durch solche Systeme ersetzen.

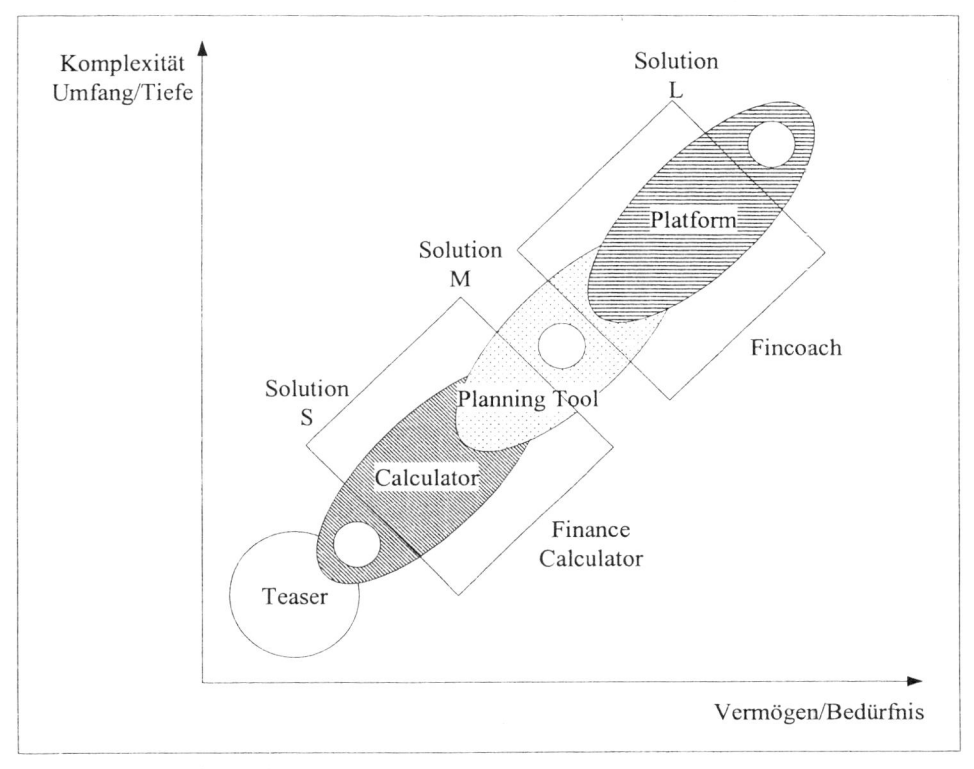

Abbildung 11: IT-Solutions der UBS

c) Betriebsorganisation:

Bei der Beratung eines Kunden und der Erstellung und Umsetzung eines Finanzplanes sind auf Seite der Bank regelmässig verschiedene Personen mit unterschiedlichen Funktionen involviert:
- Der Kundenberater, der in der Regel immer als allgemeiner Betreuer und Verantwortlicher für die Kundenbeziehung in der Gesamtheit agiert.
- Der Finanzplanungsgeneralist, i.d.R. ein zertifizierter Finanzberater CFP, der für die Gesamtplanung verantwortlich ist. Idealerweise verfügt er, neben einer Kernkompetenz in einem spezifischen Fachgebiet, über eine breite Kenntnis und Erfahrung auf allen Gebieten des Financial Plannings und ist in der Lage, eine gesamtheitliche Betrachtung und Integration der Einzelfragen sicherzustellen.

- Fachspezialisten mit hoher fachtechnischer Kompetenz in einem Spezialbereich der Finanzberatung (z.B. Steuerspezialist, Vorsorgeberater, Nachfolgespezialist). Sie stellen die fachliche Kompetenz in allen Einzelaspekten sicher.
- Spezialisten für Abwicklung und Administration. Je nach Ergebnis und der gewählten Lösung bedarf es auch entsprechend qualifizierter Mitarbeiter für die nachfolgende Umsetzung und Verwaltung von Produkten und Strukturen.

Durch das geeignete Zusammenwirken dieser Personen wird einerseits die integrierte und umfassende Betrachtung, andererseits die maximale Kompetenz in den einzelnen fachspezifischen Spezialbereichen sichergestellt. Erst dadurch wird ein professionelles Gesamtergebnis erzielt. Eine solche Beratung ist allerdings aufwendig und verursacht tendenziell verhältnismässig hohe Kosten. Die Betriebsorganisation hat ein kundenorientiertes Vorgehen sicherzustellen. Der Kunde sollte möglichst einfach und gezielt durch den Prozess geführt werden, ohne sich selbst unnötig um interne Schnittstellen bemühen zu müssen. Gleichzeitig ist ein effizienter, kostengünstiger und qualitätsorientierter interner Ablauf anzustreben.

VI. Der persönliche Finanzplan als Ergebnis

Erstes Resultat einer umfassenden Finanzplanung ist der persönliche Finanzplan oder "Wealth Plan". Hierbei handelt es sich um ein umfassendes Dokument, welches neben der Ausgangslage und den zu verfolgenden Kundenzielen die verschiedenen Lösungsansätze aufzeigt, analysiert, miteinander vergleicht und auf die jeweiligen Vor- und Nachteile hin bewertet. Neben graphischen und numerischen Auswertungen und Darstellungen enthält der Finanzplan auch die notwendigen fachtechnischen Ausführungen zu den verschiedenen Einzelaspekten.

Der gedruckte Finanzplan dient zur Erläuterung der Ergebnisse, zur anschliessenden Bestimmung der Massnahmen sowie deren Umsetzung und ist auch Grundlage für die spätere Nachkontrolle. Er erlaubt dem Kunden gleichzeitig, in Ruhe und Sorgfalt die Lage und allfällige Lösungsvorschläge zu beurteilen. Je nach Situation und Komplexität handelt es sich um standardisierte, customized oder aber völlig auf den Einzelfall ausgerichtete, massgeschneiderte Dokumente. Naturgemäss ermöglichen sie dem Kunden bei Bedarf auch, auf einfache Art eine unabhängige Drittbeurteilung einzuholen.

VII. Die zielorientierte Finanzplanung als Alternative

Die soeben geschilderte umfassende Finanzberatung stellt gewissermassen den Idealfall dar. Infolge der hohen Komplexität und des damit verbundenen Aufwandes ist sie nicht für jede Situation und jeden Kunden zweckmässig und tragbar. Aus ökonomischer Sicht wäre es kaum sinnvoll, allen Kunden in allen Situationen eine umfassende Beratung angedeihen zu lassen – abgesehen davon, dass sich die erforderlichen Fachkräfte zurzeit kaum in der notwendigen Zahl im Markt finden liessen (Dies gilt für die meisten Länder, cf. etwa Sheryl Garret, CFP, Garret FP Inc., Kansas in FP Association: "There are more clients seeking advice than there are quality planners"). Zudem bedürfen nicht alle Fragestellungen eines solchen umfassenden Ansatzes, sondern können auch durch ein fokussiertes Vorgehen angegangen werden.

Die umfassende Finanzplanung richtet sich daher eher an das obere Kundensegment und komplexe Ausgangslagen. Für die anderen Fälle bedarf es daher einer Aufwand- und Nutzenoptimierung. Dies kann etwa durch folgende Massnahmen erreicht werden:
- Standardisierung und Automatisierung. Zum einen vermag eine angepasste Betriebsorganisation mit vermehrtem Einbezug des Kundenberaters anstelle des Finanzplaners, zum anderen der vermehrte Einsatz von Unterstützungstools im EDV-Bereich hierzu beizutragen.
- Angebotsdifferenzierung nach Kundensegment und Kundenbedürfnis. Neben dem geschilderten umfassenden Konzept, soll ein fokussiertes Vorgehen, nämlich eine ereignisspezifische oder zielorientierte Finanzplanung, vorallem die Bedürfnisse des mittleren Segmentes (sogenannte "affluent clients") abdecken.

Diese zielorientierte, ereignisspezifische Beratung konzentriert sich auf die Erfüllung von partiellen Zielen eines Kunden, wie etwa die Sicherstellung der Altersversorgung, die Neuordnung und Strukturierung des Wertpapierbesitzes, die Abdeckung spezifischer persönlicher Risiken im Bereich der Versicherungen oder die Gestaltung von Vermögensübertragungen. Diese Tätigkeiten werden alsdann nicht von einem Finanzplaner wahrgenommen, sondern in einer ersten Phase vom Kundenberater, der hierzu Unterstützungstools einsetzt und bei Bedarf einzelne Produktespezialisten beizieht. Eine solche zielorientierte Finanzberatung kann kostenlos sein, da sie produkteorientierter ist und weniger Aufwand verursacht, während die umfassende Finanzberatung in aller Regel durch eine Gebühr abzudecken ist. Durch flexible Beratungs- und Abwicklungsprozesse, optimierte EDV-Instrumente und eine verstärkte Ausrichtung auf Einzelbedürfnisse sollte es somit möglich sein, auch preislich abgestufte Dienstleistungen zu offerieren. Sollen auch die "Affluent"-Kunden mit Financial Planning Dienstleistungen angesprochen werden, ist dem zielorientierten Ansatz vermehrt Gewicht beizumessen.

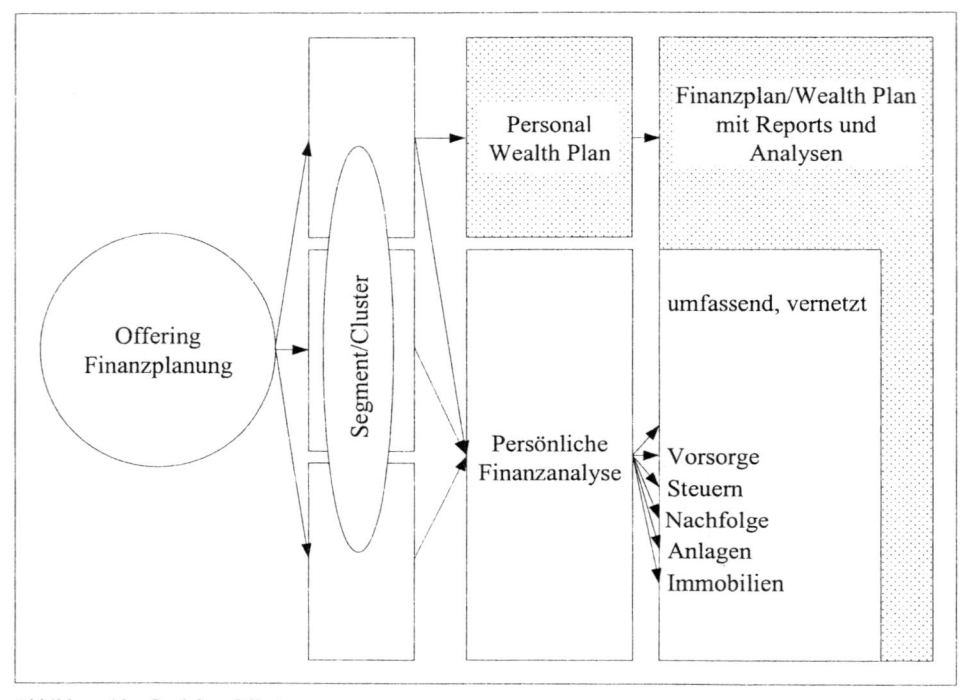

Abbildung 12: Gezieltes Offering

D. Nutzen des Financial Planning aus Kundensicht

Damit ein Produkt oder eine Dienstleistung sich etablieren kann, muss sie einen Kundennutzen aufweisen und einem echten Kundenbedürfnis entsprechen. Sie muss zu einem für den Kunden akzeptablen Preis erbracht werden, der gleichzeitig auch dem Anbieter die erforderliche Abgeltung und Geschäftsnutzen gewährt.

Die Vorteile des Financial Planning ergeben sich im wesentlichen schon aus dem im Vorkapitel Gesagten. Eine rechtzeitige umfassende Planung zu vernünftigen Kosten erlaubt, Ereignisse frühzeitig zu gestalten, Fehlentwicklungen zu vermeiden und die eigenen Möglichkeiten zu optimieren. Dabei wird die Planung aufgrund der zunehmenden rechtlichen und steuerlichen Komplexität und der Vielfalt unserer Lebensumstände immer undurchschaubarer und für den Einzelnen ohne fachliche Unterstützung immer schwieriger zu bewältigen. Ohne eine professionelle Planung besteht die Gefahr, dass eigentlich erreichbare Lebensziele verfehlt werden. Auf eine vorausschauende Planung zu verzichten bedeutet, sich unbesehen den Ereignissen auszusetzen und das Verpassen möglicher Gestaltungschancen oder gar eine vermeidbare Fehlentwicklung in Kauf zu nehmen. A failure to plan is a plan to fail! Am offensichtlichsten wird dies bei den nur allzu gut bekannten Nachlassstreitigkeiten, oder anhand der finanziellen Folgen einer verpassten rechtzeitigen Vorsorgeoptimierung, einer fehlenden Risikoabsicherung (z.B. beim Verlust des Arbeitsplatzes) oder einer ungenügenden Steuerplanung. Die Liste der Beispiele liesse sich fast beliebig verlängern. Im einzelnen stehen etwa folgende Aspekte im Vordergrund, denen die Finanzplanung Rechnung tragen soll:

- Einschneidende Veränderungen und Ereignisse wie:
  - Vermögenszugänge infolge Erbschaft, Kapitalabfindungen, Bonuszahlungen, Unternehmensverkauf, IPO o.ä.
  - Änderung der tatsächlichen Lebensverhältnisse wie Heirat, Kinder, Pensionierung, Krankheit
  - Veränderungen im Familienunternehmen (Nachfolge, Streitigkeiten, Kontrollverlust, verschlechterter Geschäftsgang)
  - Berufliche Veränderungen
- Neue Rahmenbedingungen wie gesetzliche oder politische Veränderungen, neue steuerliche Bestimmungen z.B. im Vorsorgebereich usw. Allseits bekannt ist die ungebremste Flut laufend neuer Vorschriften, die stetig ansteigende Steuerbelastung, insbesondere in der Schweiz, und die immer undurchsichtiger werdenden Ausnahmeregelungen. Damit nimmt die Notwendigkeit zu, Gestaltungsmöglichkeiten auch auszunützen, und die Opportunitätsverluste infolge fehlender Planung steigen.

- Neue komplexere Instrumente, die zusätzliche Möglichkeiten eröffnen. Beispielhaft erwähnt sei der Bereich der Lebensversicherung, der neben der reinen Risikoabsicherung auch Steuer-, Nachfolge- und Vermögensschutzplanung erlaubt.
- Generell steigender Planungsspielraum z.B. infolge zunehmender Mobilität

Der vorliegende Rahmen lässt es nicht zu, konkrete Fallbeispiele im einzelnen aufzuzeigen. In der Praxis erlaubt insbesondere der Einbezug steuerlicher Aspekte in die Gesamtplanung eine deutliche finanzielle Optimierung oder die Vermeidung einschneidender Nachteile. Da sich einzelne Massnahmen oftmals über einen mehrjährigen Zeitraum auswirken, kann sich der Gesamteffekt multiplizieren. So konnte in einem konkreten Fall durch eine geeignete Planung im Hinblick auf eine gewünschte vorzeitige Pensionierung eine Steuerersparnis im ersten Jahr von CHF 57'000 erreicht werden, die sich nach vier Jahren auf insgesamt CHF 159'000 einstellte – anstelle von CHF 272'000 wurden über diesen Zeitraum schliesslich nur CHF 113'000 an Steuern fällig. Durch eine neue, auch steuerlich sinnvollere Anlage- und Vorsorgestrategie und eine Optimierung der Eigenheimfinanzierung liess sich der normalerweise auftretende Vermögensverzehr in einen Vermögenszuwachs kehren. Gleichzeitig konnte für den Todesfall eine bessere Absicherung des überlebenden Ehegatten erzielt werden.

Zusammenfassend können etwa folgende Kundenvorteile aufgeführt werden:

- Bessere Transparenz: die Finanzberatung hilft dem Kunden zu verstehen, wie sich jeder Entscheid finanziell auf andere Bereiche und auf seine finanziellen Lebensziele auswirkt
- Finanzielle und rechtliche Absicherung der Zukunft
- Optimale Umsetzung der eigenen Leistungsfähigkeit
- Nutzung möglicher besserer Alternativen
- Nutzung der gesamten Beratungskompetenz eines Anbieters bei der Ausarbeitung und Umsetzung eines individuellen Massnahmenplans
- Regelmässige Überprüfung der Lage und der möglichen Massnahmen
- Gewähr für eine integrierte Gesamtlösung

E. Nutzen des Financial Planners für den Anbieter

Financial Planning wird von verschiedenen Marktteilnehmern offeriert. Die strategische Ausrichtung und Positionierung dieses Geschäfts ist letztlich abhängig vom einzelnen Anbieter. Die entsprechenden Optionen (akzessorische oder strategische Dienstleistung; eigenständiges Geschäft oder Unterstützungsdienstleistung fokussiert z.B. auf das Private Banking; Profit oder Cost Center; umfassendes oder ausgewähltes Angebot; Risikopositionierung usw.) sind immer gemäss der eigenen Situation und Zielsetzung zu wählen.

Insbesondere aus der Sicht des Private Banking ist von Bedeutung, dass sich die Profitabilität des Financial Planning aus verschiedenen Elementen zusammensetzt. Neben dem direkten Ergebnisbeitrag spielen hier die Sicherung oder Stärkung bestehender Kundenbeziehungen, die Möglichkeit der Generierung von Zusatzgeschäften und – immer bedeutsamer – die Gewinnung neuer Kunden eine grosse Rolle. Erst all diese Faktoren ergeben die Gesamtprofitabilität. Dies erklärt auch, weshalb in einzelnen Bereichen oder bei einzelnen Anbietern der unmittelbare Ergebnisbeitrag die Kosten nicht abzudecken vermag und ein nicht kostendeckendes Pricing gewählt wird. Wie eingangs erwähnt, dient damit das Financial Planning vielmehr als Differenzierungs- und Kundengewinnungsfaktor in einem zunehmend härteren Wettbewerb.

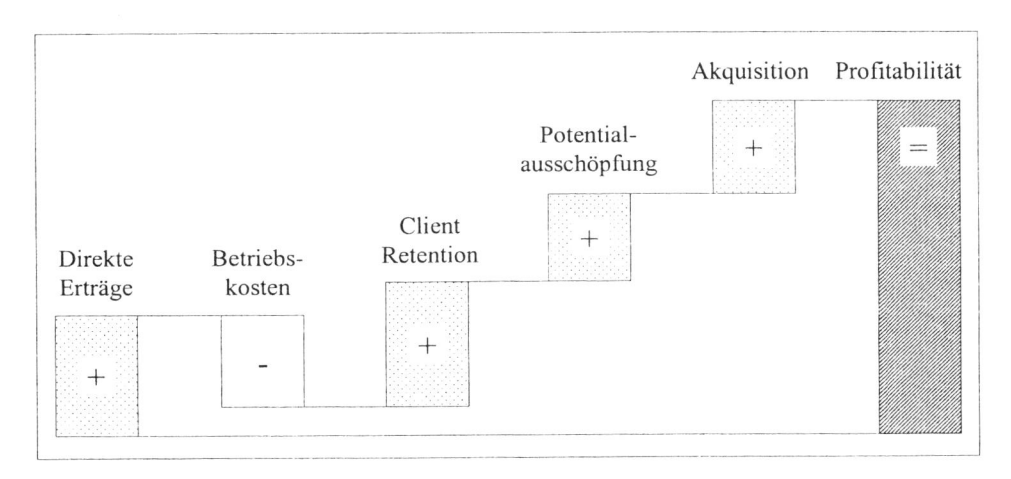

Abbildung 13: Profitabilität des Financial Planning

Verschiedene Studien in unterschiedlichen Ländern belegen den Beitrag des Financial Planning zu einer besseren Potentialausschöpfung der Kundenbeziehung, was zu einer Erhöhung der erzielbaren Erträge sowie einem stärkeren Wachstum der Kundenassets führt. Diesem Effekt wird daher oftmals mehr Gewicht beigemessen als den direkten Einnahmen. Im Ergebnis bedeutet dies eine Art indirekte Subvention der Dienstleistung durch andernorts damit erzielbare Zusatzerträge. Für den Kunden resultiert daraus, dass er für die eigentliche Dienstleistung oftmals nicht die vollen Kosten zu tragen hat, letztlich aber über mögliche Zusatzgeschäfte oder aber über eine Validierung der Kundentreue und insgesamt entrichtete Gebühren den langfristig notwendigen Ertrag für dieses Geschäft dennoch abdeckt. Eine gewisse Problematik verbindet sich damit insofern, als oftmals die zur Verfügung stehenden Management Informationssysteme es nicht erlauben, die einzelnen Komponenten sauber quantitativ nachzuvollziehen. Eine genaue Berechnung der Profitabilität des Financial Planning ist damit mangels genügend sophistizierter interner Rechnungslegung vielerorts praktisch unmöglich.

Zusammenfassend lässt sich sagen, dass das Financial Planning für das Private Banking neben den möglichen direkten Erträgen insbesondere als Mittel zur Kundenansprache und Kundengewinnung sowie zur Differenzierung und Professionalisierung des Auftritts dient. Es stellt ein starkes Instrument im zunehmend schwierigeren Kampf um Kunden und Kundengelder dar.

F. Entwicklungen und Herausforderungen

I. Allgemeine Trends

Generell kann davon ausgegangen werden, dass sich die eingangs erwähnten Veränderungen der Rahmenbedingungen und wesentlichen Trends (zunehmender Wettbewerb, steigende Kundenansprüche, Notwendigkeit der Professionalisierung usw.) auch in Zukunft fortsetzen und dem Financial Planning grundsätzlich ein attraktives Umfeld im Private Banking bieten werden. Derzeit sind allerdings in der noch relativ jungen Phase des Financial Planning verschiedene Schwachpunkte unverkennbar. So ist etwa das heutige Angebot noch sehr unterschiedlich in der Art und Qualität, und bei manchem Anbieter liegt eine grosse Spannweite zwischen dem Werbeauftritt und der tatsächlich offerierten Dienstleistung. Es darf jedoch davon ausgegangen werden, dass solche Schwächen mit der Zeit mehrheitlich eliminiert werden. Die Chancen für ein qualitativ einwandfreies und weiterentwickeltes Financial Planning sind damit mehr als intakt, und dessen Bedeutung wird weiter zunehmen – damit aber auch der Kampf um die Ressourcen in diesem Bereich.

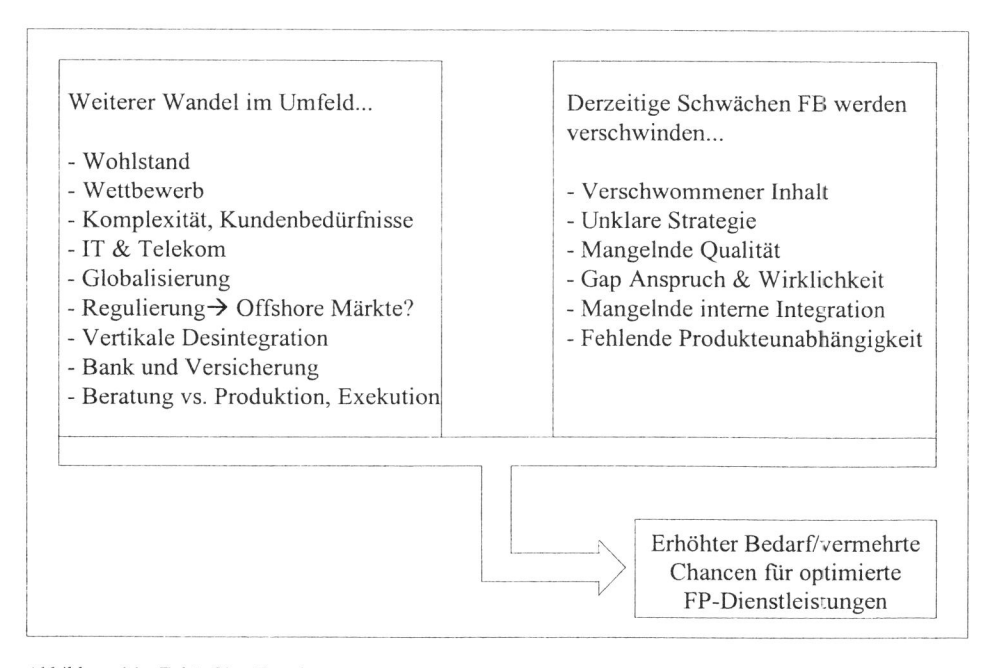

Weiterer Wandel im Umfeld...	Derzeitige Schwächen FB werden verschwinden...
- Wohlstand - Wettbewerb - Komplexität, Kundenbedürfnisse - IT & Telekom - Globalisierung - Regulierung → Offshore Märkte? - Vertikale Desintegration - Bank und Versicherung - Beratung vs. Produktion, Exekution	- Verschwommener Inhalt - Unklare Strategie - Mangelnde Qualität - Gap Anspruch & Wirklichkeit - Mangelnde interne Integration - Fehlende Produkteunabhängigkeit

→ Erhöhter Bedarf/vermehrte Chancen für optimierte FP-Dienstleistungen

Abbildung 14: Zukünftige Trends

II. Bedürfnisorientierung und skalierbare Lösungen

Es ist eine Tatsache, dass der Markt die reine umfassende Finanzberatung, wie sie in den letzten Jahren entwickelt worden ist, nicht in allen Fällen abgeltet. Für den Anbieter, der ein breites Kundensegment abdecken will, gilt es daher vorerst, die Effizienz zu erhöhen, segmentspezifische Angebote zu erarbeiten und mittels Modulen skalierbare Lösungen auch für Teilaspekte anzubieten. Hierauf ist bereits unter dem Titel "Zielorientierte Finanzplanung" hingewiesen worden.

Die Kunst wird hierbei sein, die verschiedenen Dimensionen "Kunden", "Bedürfnisse", "Dienstleistungen und Produkte" sowie "Beratung und Prozesse" flexibel und effizient zusammenzubringen. Die nachstehende Übersicht zeigt dieses Zusammenspiel deutlich:

- Die verschiedenen Kundensegmente reichen vom Massen- oder Retailkunden über das Affluentsegment bis zu den obersten Private Banking Kunden.
- Die Kundensegmente können mittels verschiedenen Modulen angegangen werden, hier dargestellt mit S-"Small", M-"Medium" und L-"Large" auf skalierbarer Basis und stark EDV-gestützt.
- Die Kundenbedürfnisse können dabei auch im Sinne von Clusters und gemeinsamen Themen durch die einzelnen Segmente hindurch angesprochen werden. Als Beispiel mögen hier speziell ausgerichtete Angebote für Senioren, für Pensionierung, für medizinisches Personal, Sportler oder andere Berufe dienen.
- Schliesslich die interne Betriebsorganisation: je nach Fall wird stark auf den Kundenberater abgestellt, unterstützt durch Spezialisten und Systemtechnik, oder es wird die umfassende Finanzberatung eingesetzt.

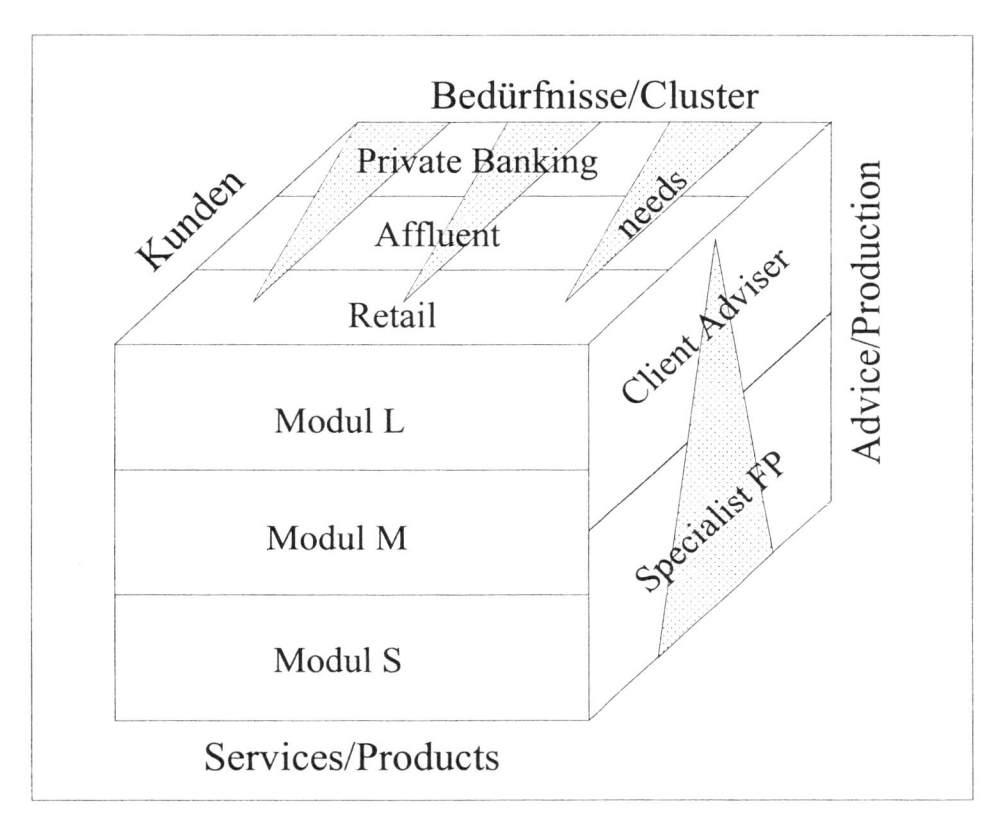

Abbildung 15: Dimensionen

Damit sind auf die Bedürfnisse ausgerichtete Lösungen möglich, und es kann unter Nutzung interner Synergien und bei genügenden Volumen ein, für den Kunden wie für die Bank, optimierter Preis-/Leistungsumfang sichergestellt werden. Das Financial Planning vermag damit alle Kundensegmente anzusprechen, wobei es auf den Life Cycle und auf spezifische Bedürfnisse ausgerichtet ist und letztlich die Kundentreue und Kundenakquisition als Hauptziel hat.

III. Ausbildung

Von zentraler Bedeutung sind Professionalität und Qualität der Dienstleistung. Während geeignete Systeme und Betriebsorganisationen insbesondere Effizienz, Flexibilität und Kundenorientierung sowie die Einhaltung minimaler Standards und Risikooptimierung zu unterstützen vermögen, hängt die Qualität der Dienstleistung letztlich immer direkt auch vom einzelnen Berater ab. Entsprechend wird einer intensiven und systematischen Ausbildung der Financial Planner inskünftig noch vermehrt Bedeutung zuzumessen sein. Die Ausbildung stützt sich dabei auf mehrere Bereiche ab:

- International hat sich die Ausbildung zum sogenannten CFP-"Certified Financial Planner" in den verschiedenen Ländern etabliert. Dieser inhaltlich länderspezifische Abschluss beruht auf internationalen Standards, die von der Mutterorganisation in den USA herausgegeben und an jeweilige Länderorganisationen über Lizenzen vergeben werden. In der Schweiz wird diese Lizenz durch die Swiss Financial Planner Organisation SFPO wahrgenommen. Ihr gehören zur Zeit ungefähr 170 Mitglieder an. Um die Berechtigung zu diesem Berufstitel CFP zu erlangen, ist in der Schweiz das Nachdiplomstudium Financial Consulting gemäss Fachhochschulgesetz zu absolvieren.
- Daneben besteht die Möglichkeit der eidgenössischen Prüfung zum Finanzplaner mit Fachausweis sowie in einer zweiten Stufe zum eidgenössisch diplomierten Finanzplanungsexperten. Voraussetzung hierfür sind fünf Jahre Erfahrung im Finanzbereich, drei davon in der Finanzplanung, sowie die Verpflichtung zur regelmässigen Weiterbildung.
- Der Finanzplanerverband Schweiz FPVS agiert als Berufsverband und kümmert sich ebenfalls um Weiterbildungsmöglichkeiten. Zusätzliche Fachausbildungen werden auch von anderen Instituten offeriert.
- Weitere Ausbildungsbestrebungen werden vom Institut für Financial Consulting unter der Federführung der Fachhochschule St. Gallen unternommen, die allerdings noch in den Kinderschuhen stecken.

Diese Strukturen sind noch wenig ausgereift. Eine Klärung und bessere Abstimmung tut Not. Fachliche Professionalität und qualitative Konsistenz in der Ausbildung, laufende Weiterbildung und praktische Erfahrung sind vermehrt sicherzustellen.

Der internen Ausbildung kommt ebenfalls ein hoher Stellenwert zu. Neben der professionellen Aus- und Weiterbildung des Financial Planners ist dabei der funktionsgerechte Einbezug des Kundenberaters sicherzustellen. Die nachfolgende Übersicht am Beispiel der UBS zeigt, dass diese Ausbildung prominent präsent und über verschiedene Stufen in die systematische Ausbildung integriert ist:

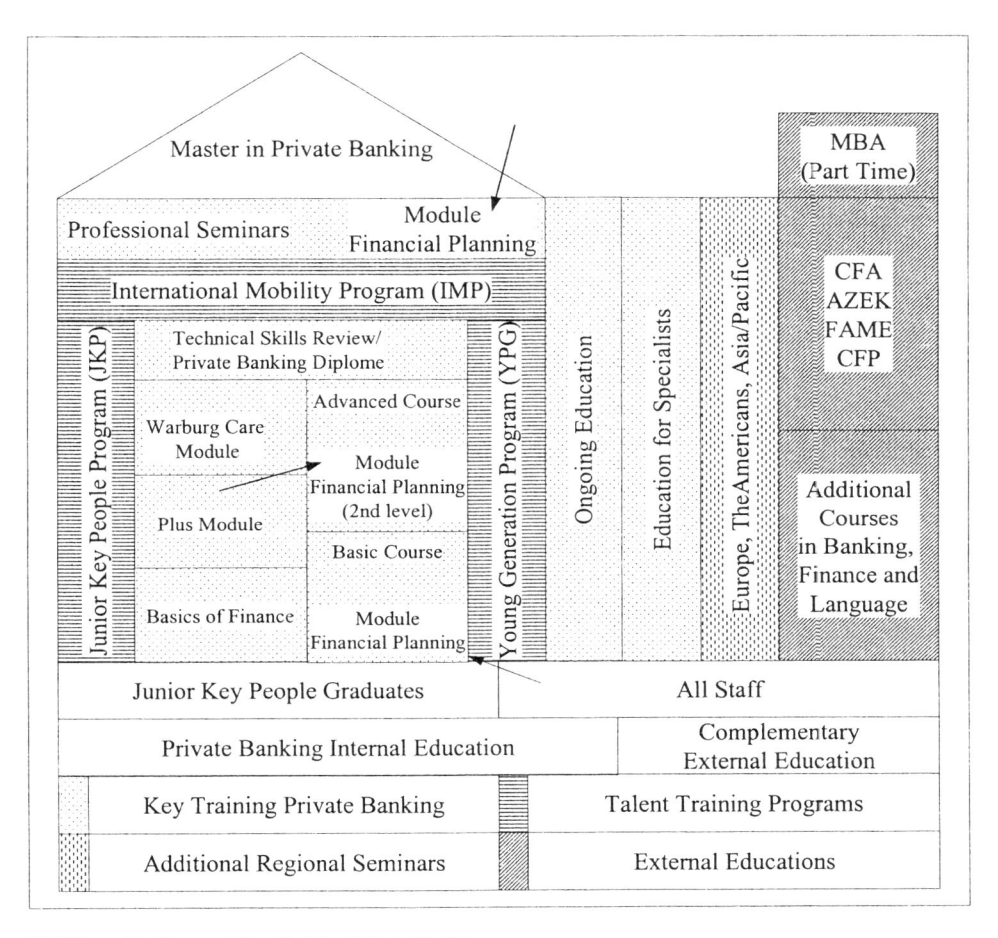

Abbildung 16: Konzept Key Training Private Banking

Idealerweise entwickelt sich der Kundenbetreuer alter Schule hin zu einem Client Relationship Manager. Der Financial Planner seinerseits muss näher an die Funktion des Kundenbetreuers heranrücken. Während der Kundenbetreuer die Basis des Financial Planning erfassen muss, sollte sich der Financial Planner vermehrt zur gesamtheitlichen Betrachtung einschliesslich der Anlageseite hin bewegen.

Es ist anzustreben, dass der Kundenberater mit der Finanzberatung genügend vertraut ist, um Potential und Kundenbedürfnisse in diesem Bereich zu erkennen. Der Fähigkeit zur Transmission des Wissens und der Gestaltung einer geschmeidigen Schnittstelle zwischen der Front der Kundenberater und dem Financial Planning wird primäre Bedeutung zukommen. Die Frage stellt sich, inwiefern der Prozess effizient gestaltet werden kann. Soll der Kundenbetreuer in der Finanzberatung selbst involviert sein, oder soll dies immer und ausschliesslich vom Financial Planner abgedeckt werden? Welche Lösung im einzelnen auch gewählt wird, es ist immer sicherzustellen, dass jeder Beteiligte die Grenze seiner Professionalität im anderen Bereich nicht überschreitet.

IV. Zusammenfassung der wesentlichen Trends

Die für das Financial Planning bedeutsamen Trends lassen sich wie folgt zusammenfassen:
- Der Wandel in der Private Banking Industrie wird sich mit unverminderter Intensität fortsetzen. Mit dem zunehmenden Wettbewerb im Private Banking wird auch der Wettbewerb im Financial Planning an Intensität gewinnen.
- In dieser verschärften Auseinandersetzung wird die strategische Bedeutung des Financial Planning für das Private Banking Offering zunehmen. Das kompetitive Element wird dazu führen, dass dem Financial Planning ein höherer Stellenwert zukommt. Bereits heute stellt das Financial Planning für Anbieter, die sich nicht auf eine Nische beschränken, in gewissen Märkten ein Muss dar.
- Mit dem höheren strategischen Stellenwert wird allerdings auch die Notwendigkeit virulent, eine klare Strategie zu definieren und das Financial Planning gezielt auszurichten. Bezeichnenderweise ist das Bild heute noch sehr verschwommen. Konsumentenumfragen in verschiedenen Ländern in Europa haben gezeigt, dass sehr unterschiedliche, diffuse oder unzutreffende Vorstellungen herrschen, und die Industrie hat es bis heute noch nicht geschafft, gewisse Standards sicherzustellen und ein klares Bild dieser Dienstleistung zu gewährleisten.
- Damit einher geht die Notwendigkeit, eine hohe fachliche Qualität zu garantieren. Verdeckt durchgeführte Angebotstests haben teilweise zu sehr unterschiedlichen Ergebnissen geführt. Die Streuung in der Dienstleistungsqualität erwies sich als sehr gross. Aufgrund der positiven Beispiele wurde jedoch ebenso regelmässig die Konklusion gezogen, dass der Anlageberatung kombiniert mit einer erstklassigen Finanzberatung die Zukunft gehören werde.
- Zur Qualität und Professionalität gehört die Gewährleistung gewisser Standards in der Ausbildung. Der systematischen Ausbildung von Front und Financial Planner gehört vermehrte Aufmerksamkeit gewidmet. In der Schweiz sind Bestrebungen zur besseren Strukturierung der Ausbildung und die Lizenzierung mit dem CFP im Gange.
- Auch einer geeigneten Organisation ist grosse Bedeutung zuzumessen. Intern ist eine optimale Schnittstelle zwischen der Kundenberaterfront und dem Financial Planning zu gewährleisten, mittels (a) einer einfach zugänglichen, benutzerfreundlichen und marktorien-

tierten Organisation, (b) klaren Verantwortlichkeiten, (c) gemeinsamen Zielsetzungen (d.h. Financial Planning als Teil der Frontzielsetzung und umgekehrt), (d) Professionalität, Qualitätskontrolle und ähnliches mehr. Die interne Positionierung und Einbettung ist für den Erfolg zentral. Das Financial Planning muss von der Front getragen werden. Der Kundenberater ist eine Schlüsselperson, indem er etwa den Kunden und sein Umfeld bestmöglichst kennt, vorausschauend Opportunitäten wahrnimmt und das Financial Planning systematisch einsetzen sollte. Letztlich treibt die Kundenberaterfront das Geschäft, während die Financial Planning Organisation einen proaktiven, professionellen und benutzerfreundlichen Support sicherzustellen hat.

- Die EDV-Instrumente sind weiter zu verbessern und zu vernetzen. Der Flexibilität und der Beratungssystematik ist Beachtung zu schenken. Eine konsequente Umsetzung und das regelmässige Nachfassen und Überprüfen der Lage sind zu gewährleisten.
- Neue Produkte und Dienstleistungen sind, zu entwickeln und bereitzustellen. Zu denken ist etwa an Family Office Angebote, die über die bisherigen eher werbeorientierten Angebote hinausgehen und diesen Namen verdienen, spezielle Immobilieninvestmentdienstleistungen, neue Lebensversicherungsangebote, auf die jeweiligen Länder ausgerichtete sogenannte "Tax wrappers", VIP Services, Absicherungsinstrumente usw.
- Das Aufbrechen der noch vielerorts ausgeprägten vertikalen Integration und damit eine vermehrte Produkteunabhängigkeit wird an Bedeutung gewinnen.
- Im Pricing wird man verschiedene Modelle sehen. Dies betrifft die Gebührenart als auch die Positionierung.
- Manche Dienstleistungen des Financial Planning haben ein eigenes, bisweilen ausgeprägtes Risikoprofil. Mit der zunehmenden Bedeutung dieser Dienstleistungen sowie dem Wandel im regulatorischen Umfeld und im Kundenverhalten wird auch der Risikopositionierung und dem Risikomanagement Beachtung zu schenken sein.

Gewinner wird sein, wer all diesen Anforderungen am besten gerecht werden kann. Für das Private Banking wird es darum gehen, maximale Asset Management-Fähigkeiten – sei es über interne Angebote oder über eine offene Architektur mit einem "Best of breed"-Ansatz – mit den übrigen "Wealth Management"-Fähigkeiten zu kombinieren, die neben der hochstehenden Beratung und Dienstleistung im Financial Planning auch die effiziente Abwicklung beinhalten. Dem Financial Planning kommt damit für die Zukunft eine zentrale Bedeutung im modernen Private Banking zu.

Abbildungsverzeichnis

	Seite
Abbildung 1: Wachsender Wohlstand	92
Abbildung 2: Marktvolumen Schweiz	93
Abbildung 3: Private Banking Umfeld im Wandel	95
Abbildung 4: Verbundene Netzwerke	97
Abbildung 5: Interdisziplinarität	98
Abbildung 6: Lebenszyklus: Ereignisse	99
Abbildung 7: Lebenszyklus	100
Abbildung 8: Dienstleistungen und Produkte	101
Abbildung 9: Von der Beratung zum persönlichen Finanzplan	102
Abbildung 10: Die persönliche Finanzplanung in sechs Schritten	103
Abbildung 11: IT-Solutions der UBS	105
Abbildung 12: Gezieltes Offering	108
Abbildung 13: Profitabilität des Financial Planning	111
Abbildung 14: Zukünftige Trends	113
Abbildung 15: Dimensionen	115
Abbildung 16: Konzept Key Training Private Banking	117

Strategien eines global agierenden, innovativen Finanzdienstleisters

Dr. Lukas D. Weber
Mitglied der Geschäftsleitung
Zürich Schweiz

Gliederung

		Seite
A.	Einführung	123
B.	Strategischer Hintergrund und Kernkompetenzen der Zurich Financial Services aus globaler Sichtweise	124
C.	Ansatzpunkte einer integralen Finanzdienstleistungsstrategie der Zurich Financial Services in Europa	128
D.	Umsetzung der integralen Finanzdienstleistungsstrategie bei der Zürich Schweiz	131
	I. Zürich Finanz-Service	132
	II. Zurich Invest Bank	134
	III. Finance Point	140
E.	Konklusionen	144
	Abbildungsverzeichnis	145

A. Einführung

Der 1872 gegründete "Zürcher Versicherungs-Verein", der als Rückversicherung für die Transport-Versicherungs-Aktiengesellschaft "Schweiz" gegründet worden ist, hat sich in über 125 Jahren zur global agierenden "Zurich Financial Services" (ZFS) entwickelt. Aus dem reinen Versicherer ist dabei ein modernes Finanzdienstleistungsunternehmen geworden, das sich nach wie vor auf seine Kernkompetenzen "Risiken absichern" und "Vermögen anlegen" abstützt.

Die Entwicklung war indes begleitet von einer Vielzahl von Initiativen ausserhalb des traditionellen Versicherungsgeschäfts – und diese Finanzdienstleistungsinitiativen sollen hier im Vordergrund stehen.

Ausgangspunkt der Darstellung ist dabei der globale strategische Kontext (Hauptteil B). Anschliessend werden Ansatzpunkte der Finanzdienstleistungsstrategie in Europa aufgezeigt (Hauptteil C). Und schliesslich werden konkrete Initiativen bei der Zürich Schweiz dargestellt (Hauptteil D).

B. Strategischer Hintergrund und Kernkompetenzen der Zurich Financial Services aus globaler Sichtweise

Kernkompetenzen der Zurich Financial Services Group sind umfassende Lösungen in den Bereichen Risikoabsicherung sowie Vermögensbildung. Per Ende 2000 wurde dabei mit mehr als 35 Millionen Kunden in über 60 Ländern ein Prämienvolumen von 50 Milliarden USD (einschliesslich Farmers Exchanges) geschrieben und es wurden knapp 440 Milliarden USD Vermögenswerte verwaltet.

Bevor es soweit kam, hat die "Zürich" ihr Geschäftsfeld im Laufe der Zeit stetig erweitert – ohne dabei von ihren beiden Kernkompetenzen "Risiken absichern" und "Vermögen anlegen" abzuweichen.

Diese beiden Kernkompetenzen gehen auf das ureigene Prinzip der Versicherung zurück, nämlich dass durch die Risikoabsicherung Prämien von Versicherten eingenommen werden, bevor diese für Schadenzahlungen verwendet werden. Die vorausbezahlten Prämien stehen derweil temporär als Kapitalanlagen zur Verfügung, weshalb aus jedem Versicherungsunternehmen ein institutioneller Anleger wird.

Auf den beiden auch in der Bilanz ersichtlichen Grundprinzipien der Versicherung basieren die beiden Kernkompetenzen. Wie Abbildung 1 zeigt, erfahren diese bei der "Zürich" eine zunehmende Erweiterung: Im Versicherungsbereich führt dies zu zusätzlichen, immer innovativeren Absicherungsinstrumenten z.B. im Bereich des alternativen Risikotransfers. Bei der Vermögensanlage brachte die Erweiterung eine Verschiebung der Betreuung "eigener", versicherungsbasierter Gelder in Richtung Drittgeldern – der Schritt ins eigentliche Asset Management.

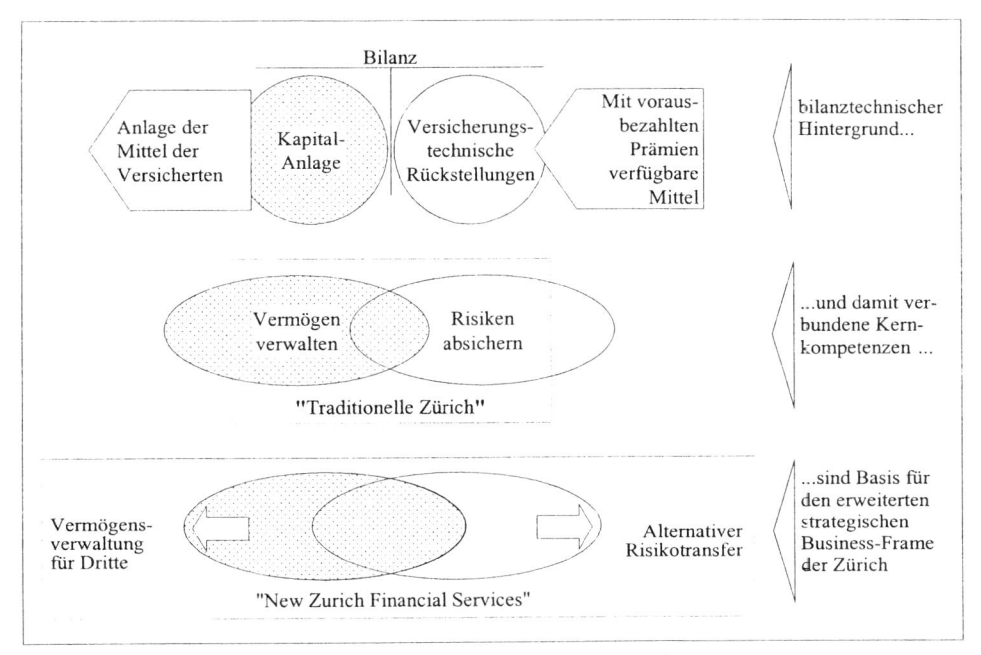

Abbildung 1: Strategischer Hintergrund der Asset-Management-Initiative der ZFS-Gruppe

Die Asset-Management-Initiative der ZFS-Gruppe wurde zunächst mittels mehreren Akquisitionen vorangetrieben und führte bis zum Jahr 2000 fast zu einer Verdreifachung der "Assets under Management" (Versicherungstechnische und für Dritte verwaltete Vermögenswerte). Die wichtigsten Transaktionen dieser Akquisitionsstrategie waren dabei Kemper Corporation und Scudder, Stevens & Clark im Jahre 1996 sowie die Fusion mit dem Finanzdienstleistungsbereich der B.A.T. Industries 1997.

Mit der in Abbildung 2 dargestellten Entwicklung der Vermögenswerte auf 440 Milliarden USD im Jahr 2000 stieg ZFS zu den grössten Asset Managern der Welt auf.

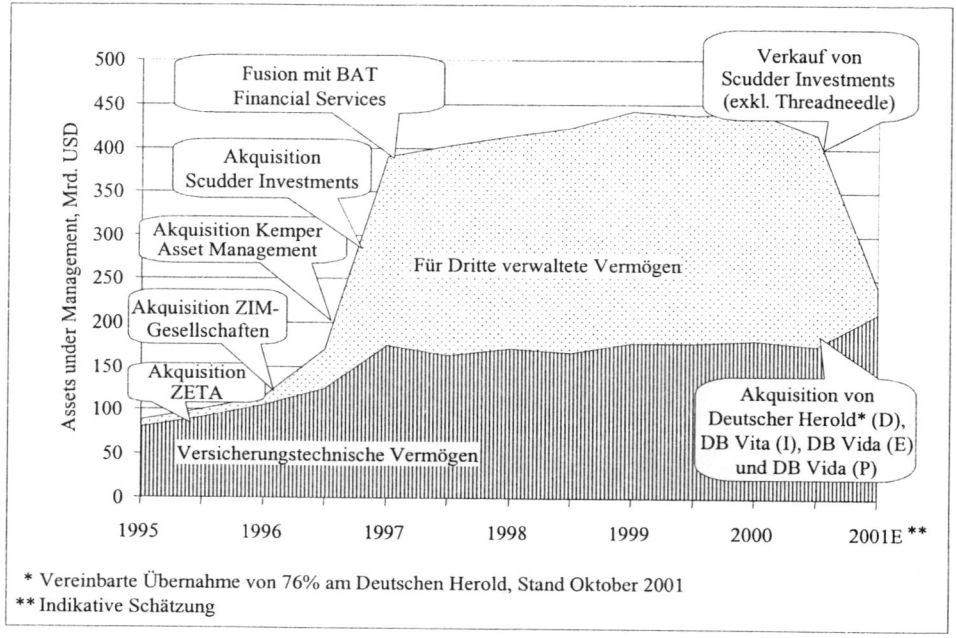

Abbildung 2: Rückverschiebung des AuM-Mix der Zurich Financial Services Group in Richtung Versicherungsgelder nach den Transaktionen mit der Deutschen Bank

Erst im Jahr 2001 erfolgt mit dem Verkauf von Zurich Scudder Investments an die Deutsche Bank eine Fokussierung auf die Distributionsprozesse im Asset Management und umgekehrt mit der Übernahme der Lebensversicherungsoperationen der Deutschen Bank in Deutschland, Italien, Spanien und Portugal eine weitere Stärkung des Versicherungsgeschäfts und damit der "versicherungstechnischen" Assets under Management.

So gesehen ist der Verkauf von Scudder keinesfalls als Ausstieg aus dem Vermögensverwaltungsgeschäft zu werten, sondern stellt vielmehr eine Fokussierung auf Distributionsprozesse im Asset Management dar. Die Zürich will ihren Kunden beste Lösungen auch in der Vermögensbildung anbieten – diese aber nicht unbedingt selbst produzieren. Mit der vermehrten Öffnung der Wertschöpfungskette lassen sich entsprechende Elemente nämlich auch jederzeit bei Partnern einkaufen. Solche Partnerschaften bestehen bei Zürich etwa mit der Deutschen Bank in Kontinentaleuropa, mit der Bank of America in Nordamerika oder mit der Bank of Scotland in Grossbritannien.

Distributionsseitig aber verfolgt die ZFS – ihren Kernkompetenzen entsprechend – eine integrale Finanzdienstleistungsstrategie: Der Kunde soll bezüglich Risikoabsicherung, aber auch Vermögensbildung, umfassend und professionell beraten werden.

Für diese Strategie der ZFS als global agierender, innovativer Finanzdienstleister lassen sich nun im europäischen Kontext konkrete Ansatzpunkte ableiten, welche im nächsten Kapitel kurz dargestellt sind – wiederum fokussiert auf jene Elemente, welche ausserhalb des traditionellen Versicherungsgeschäfts liegen.

C. Ansatzpunkte einer integralen Finanzdienstleistungsstrategie der Zurich Financial Services in Europa

Auf europäischer Ebene stehen für die Zürich drei Pfeiler im Vordergrund ihrer integralen Finanzdienstleistungsstrategie (siehe Abbildung 3): Erstens setzt die Zürich auf ihre breite Kundenbasis aus dem Versicherungsgeschäft und möchte mit zusätzlichen Finanzprodukten deren Produktedichte erhöhen. Dabei beschränkt sich die Zürich zweitens auf ihre Kernkompetenzen – Anlage- und Sparprodukte – und wird nicht ins breite Retailbanking oder in den Zahlungsverkehr einsteigen wollen. Drittens fokussiert sich die Zürich in Europa auf die Distributions- und Beratungsprozesse, statt Vermögensverwaltungsproduke selbst herzustellen.

„Leveraging" der breiten Kundenbasis	Realisierung von Kundenwert durch • Verstärkte Produktedurchdringung • Erhöhung der Kundenkontaktintensität	• Cross-Selling bei existierenden Kundenbeziehungen aus dem traditionellen Versicherungsgeschäft
Basis ist das Versicherungsgeschäft	Abstützen auf Versicherungs-Kernkompetenzen der Zürich • „Risikoabsicherung" • „Vermögensbildung"	• Integraler Finanzdienstleitungs-Ansatz • Versicherungsprodukte werden um Spar- und Anlagelösungen ergänzt
Fokussierung auf die Distribution	Ausnutzen der Zürich-Distributionskraft in europäischen Märkten • Abstützen auf Versicherungsvertriebsnetzwerke • Konzentration auf Distributionsprozesse im Asset Management	• „Distributionsprimat" statt „Eigenproduktion" von Spar- und Anlageprodukten • Multi-Channel Approach

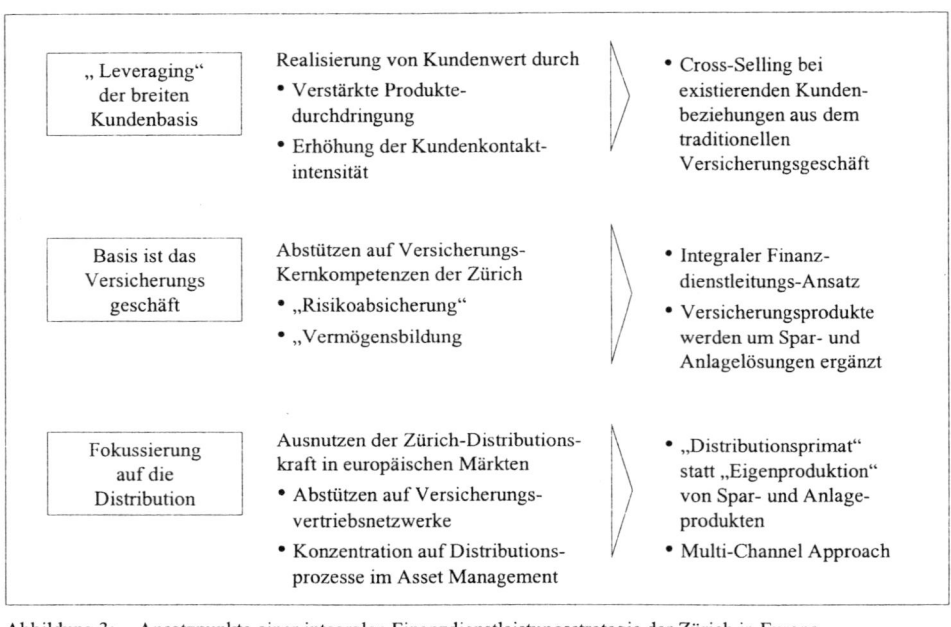

Abbildung 3: Ansatzpunkte einer integralen Finanzdienstleistungsstrategie der Zürich in Europa

Diese drei Pfeiler einer integralen europäischen Finanzdienstleistungsstrategie kombinieren sich in Richtung einer Multi-Channel-Strategie, wo Versicherungsprodukte um Spar- und Anlagelösungen ergänzt werden und diese über alle Vertriebskanäle verkauft werden.

Eine solche Strategie wird freilich bereits von verschiedenen Spielern auf dem europäischen Finanzmarkt aggressiv verfolgt – herkommend typischerweise von zwei Seiten: Entweder vom Direktvertriebsmodell, wie es zum Beispiel Online-Broker intensiv verfolgen, oder aus dem klassischen "Face-to-Face"-Beratungsmodell, das dem typischen Ansatz traditioneller

Universal- und Privatbanken entspricht. Diese Modelle werden in den nächsten Jahren nicht nur zunehmend zu einem nationalen Multi-Channel-Ansatz konvergieren, sondern sie werden auch immer stärker auf europäische Dimensionen skaliert, wie dies die folgende Abbildung 4 darstellt.

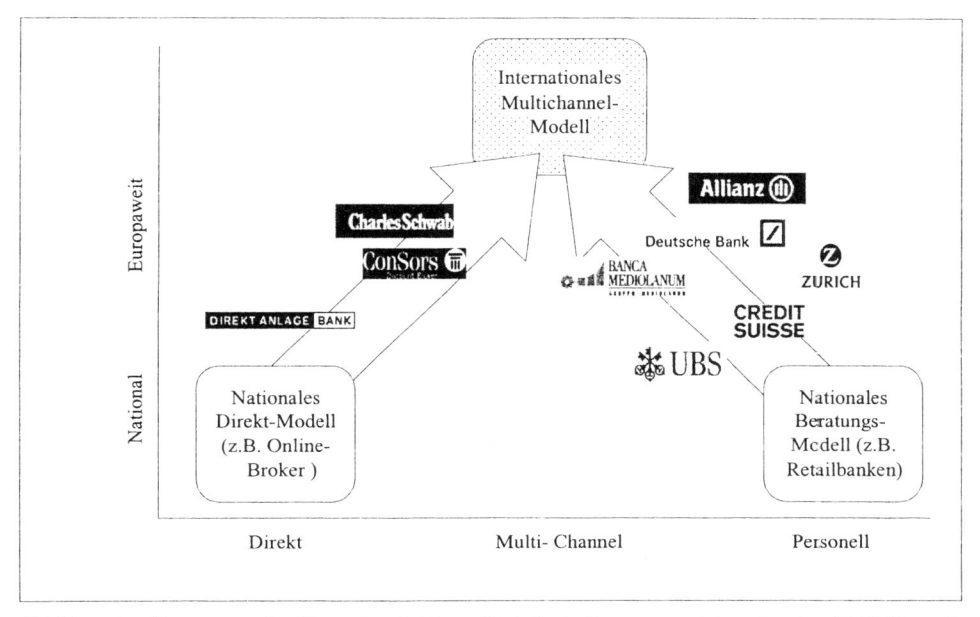

Abbildung 4: Konvergenz der Finanzdienstleistungs-Modelle in Europa zum internationalen Multi-Channel-Ansatz

In diesem zunehmend umkämpften Markt um die Vermögenswerte von europäischen Privatkunden setzt die Zürich vor allem auf ihre existierende Kundenbasis aus dem Versicherungsgeschäft. Diese umfasst rund 8 Mio. Privatkunden im Massensegment und ungefähr 2 Mio. "Affluents" (vermögende Privatkunden), aber nur wenige Kunden im höchsten Segment der "High Net Worth Individuals". Im Gegensatz zu vielen anderen Finanzdienstleistern ist aber die Kundenbasis der Zürich quantitativ beachtlich und europäisch breit abgestützt. Besonders attraktiv erscheint dabei das zahlenmässig überproportional vertretene Segment der "Affluents", das zudem mit rund 15% aller Kunden 60% der Vermögenswerte und einen noch höherer Prozentsatz der Gewinnmarge generiert.

Diese Segments-Pyramide und die erwähnte Verteilung der Vermögenswerte und der Kundenstruktur sind in Abbildung 5 ersichtlich.

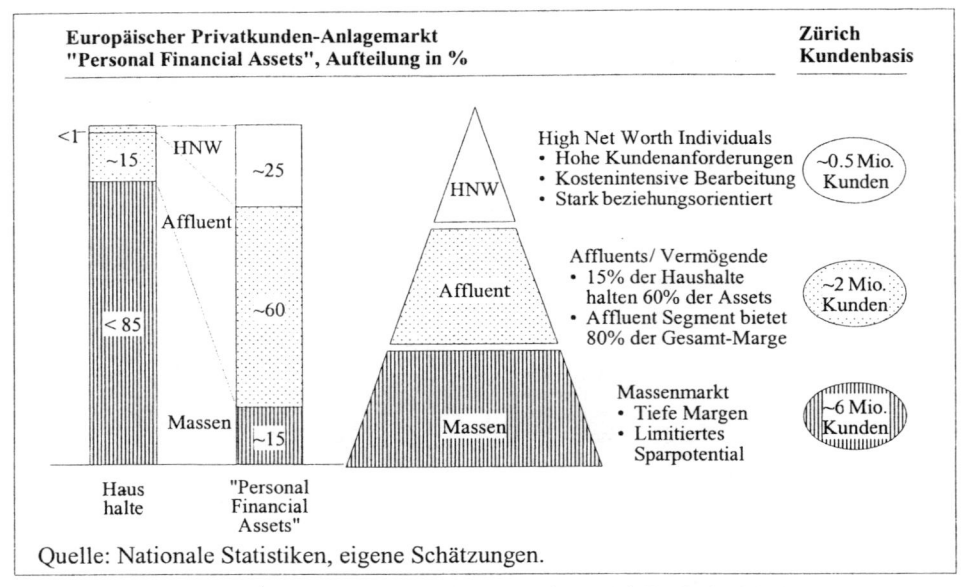

Abbildung 5: Europäischer Privatkunden-Anlagemarkt gegenüber Zürich-Kundenbasis in Europa

Im Rahmen der europäischen Multi-Channel-Strategie entlang der dargestellten Kundensegmente werden im dritten Kapitel nun konkrete Initiativen der Zürich im Schweizer Markt aufgezeigt.

Dabei steht weiterhin die integrale Finanzdienstleistungsstrategie und nicht das traditionelle Versicherungsgeschäft im Vordergrund.

D. Umsetzung der integralen Finanzdienstleistungsstrategie bei der Zürich Schweiz

Die rund 7'000 Mitarbeiter der Zürich Schweiz, deren Geschäft ursprünglich auf dem reinen Versicherungsgeschäft basierte, betreuten per Ende 2000 1,5 Millionen Kunden in über 300 Geschäftsstellen in der ganzen Schweiz. Es wurden knapp 7 Mia. CHF Prämien generiert, was einem Schweizer Marktanteil von 19% im Nichtleben-Geschäft und von 14% im Leben-Geschäft entspricht. Bei einem Umsatzanteil von gut 10% erwirtschaftet die Zürich Schweiz mit diesem Geschäftsportefeuille rund 20% des Gruppen-Gewinns.

Der Schritt vom reinen Versicherer zum integralen Finanzdienstleister lässt sich bei der Zürich Schweiz wiederum entlang der beiden Dimensionen Kundensegmente ("High-Net Worth"-, "Affluent"- und Massensegment) sowie Vertriebskanäle (Direkt- und personeller Vertrieb) aufzeigen.

Abbildung 6 zeigt schematisch die wichtigsten Initiativen der Zürich Schweiz entlang dieser beiden Dimensionen: Oben die Privatbank Rüd Blass & Cie., welche auf das "High-Net Worth"-Kundensegment fokussiert ist. Rechts der Zürich Finanz-Service im "Affluent"-Segment und das Zürich Privatkundengeschäft im Massenmarkt, die beide von der personellen Beratungsseite her kommen. Links das reine Finanzportal "Finance Point" und dazwischen der Multi-Channel-Ansatz der Zurich Invest Bank.

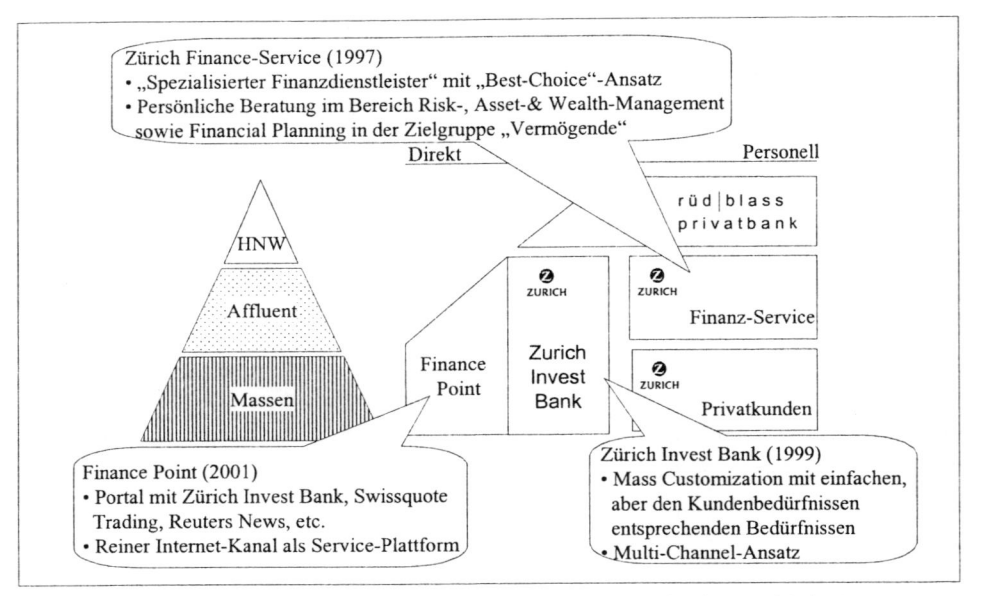

Abbildung 6: Die Initiativen einer integralen Finanzdienstleistungsstrategie bei der Zürich Schweiz

Beispielhaft werden nachfolgend die drei in Abbildung 6 hervorgehobenen Initiativen beschrieben.

I. Zürich Finanz-Service

Eine erste integrierte Finanzdienstleistungsinitiative hat die Zürich Schweiz bereits im Jahre 1997 lanciert: Das Business-Modell des Zürich Finanz-Service (siehe Abbildung 7) setzt auf den spezialisierten Finanzberater, der eine unabhängige Beratung gegen Honorar erbringt. Im Gegensatz zum Versicherungsberater, ist der Finanzberater nicht provisionsgesteuert und kann deshalb den Kunden völlig unabhängig beraten. Statt einer Steuerung in Richtung der am lukrativsten kommissionierten Produkte hat er vielmehr ein vitales Interesse an der langfristig optimalen, neutralen Finanzberatung seines Kunden. Nur so kann er eine langfristige Kundenbindung über den ganzen Lebenszyklus gewährleisten und bei jeder Veränderung der Lebenssituation beim Kunden die notwendigen finanziellen Schritte vorbereiten und begleiten.

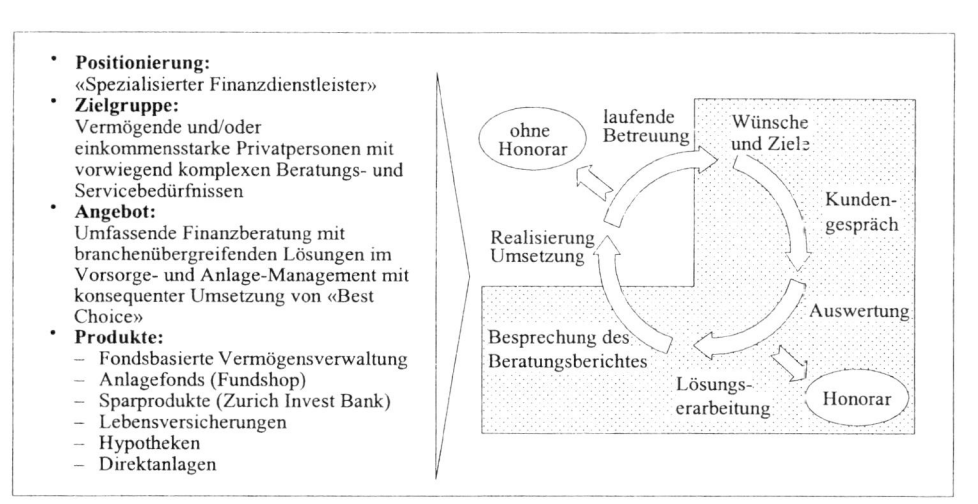

- **Positionierung:**
  «Spezialisierter Finanzdienstleister»
- **Zielgruppe:**
  Vermögende und/oder einkommensstarke Privatpersonen mit vorwiegend komplexen Beratungs- und Servicebedürfnissen
- **Angebot:**
  Umfassende Finanzberatung mit branchenübergreifenden Lösungen im Vorsorge- und Anlage-Management mit konsequenter Umsetzung von «Best Choice»
- **Produkte:**
  – Fondsbasierte Vermögensverwaltung
  – Anlagefonds (Fundshop)
  – Sparprodukte (Zurich Invest Bank)
  – Lebensversicherungen
  – Hypotheken
  – Direktanlagen

Abbildung 7: Das Business-Modell des Zürich Finanz-Service

Die Anlagelösungen des Zürich Finanz-Service sind individuell auf die Bedürfnisse, Präferenzen und Möglichkeiten des einzelnen Kunden zugeschnitten. Wie in Abbildung 8 ersichtlich, bewegt sich dabei die Beratung in vier verschiedenen Kategorien: Standardanlagen, individuelle Fondsanlagen, fondsbasierte Vermögensverwaltung und gemischte Depots. In der Reihenfolge dieser vier Kategorien nimmt auch der Anteil an neutralen Produktelementen gemäss dem "Best Choice"-Ansatz zu.

133

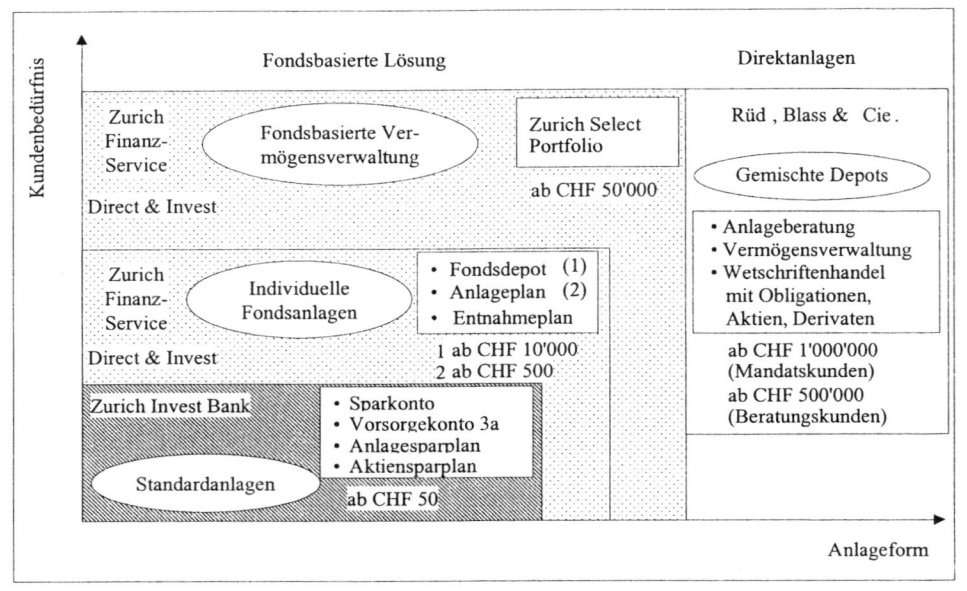

Abbildung 8: Das Spektrum der Anlagelösungen des Zürich Finanz-Service

Das grosse Spektrum von Anlagelösungen, welche der Zürich Finanz-Service anbietet, zeigt bereits die Bedeutung eigentlicher Bankprodukte im Zürich-Sortiment. Parallel zum Aufbau des Zürich Finanz-Service entstand deshalb die zweite Finanzdienstleistungsinitiative bei der Zürich Schweiz: eine Bank.

II. Zurich Invest Bank

Mit der Zurich Invest Bank hat die Zürich Schweiz im Mai 1999 ihre eigene, neue und "erfrischende" Bank lanciert, die als Novum keine Bankschalter besitzt, sondern mit Ihren Kunden nur über Telefon, Post und Internet kommuniziert. Im Sinne der geschilderten Multi-Channel-Strategie werden diese direkten Kommunikationskanäle allerdings um den traditionellen personellen Vertrieb ("Aussendienst") als wichtigstem Vertriebskanal ergänzt.

Auslöser für den raschen und erfolgreichen Aufbau der Zurich Invest Bank waren im Nachhinein mehrere Entwicklungen, die auf das Jahr 1996 zurückgehen und mit welchen die Zürich damals das reine Lebensversicherungsgeschäft konfrontiert sah (vergleiche Abbildung 9): Erstens war es bedrohend, dass vermehrt Banken in das Lebensversicherungsgeschäft einstiegen und dass gleichzeitig der Steuervorteil für Lebensversicherungen immer mehr unter

Druck geriet und damit ein Kernpfeiler dieses Geschäfts gefährdet schien. Zweitens ergaben sich aus der damaligen Marktsituation Chancen für einfache Bankdienstleistungen, weil das Know-how über Anlageprodukte bei Konsumenten im Massensegment noch dürftig war und einfache Anlagemöglichkeiten für das breite Publikum kaum existieren. Schliesslich basierte der Einstieg ins Banking natürlich auf einer der beiden eingangs geschilderten Kernkompetenzen, dem Anlagemanagement.

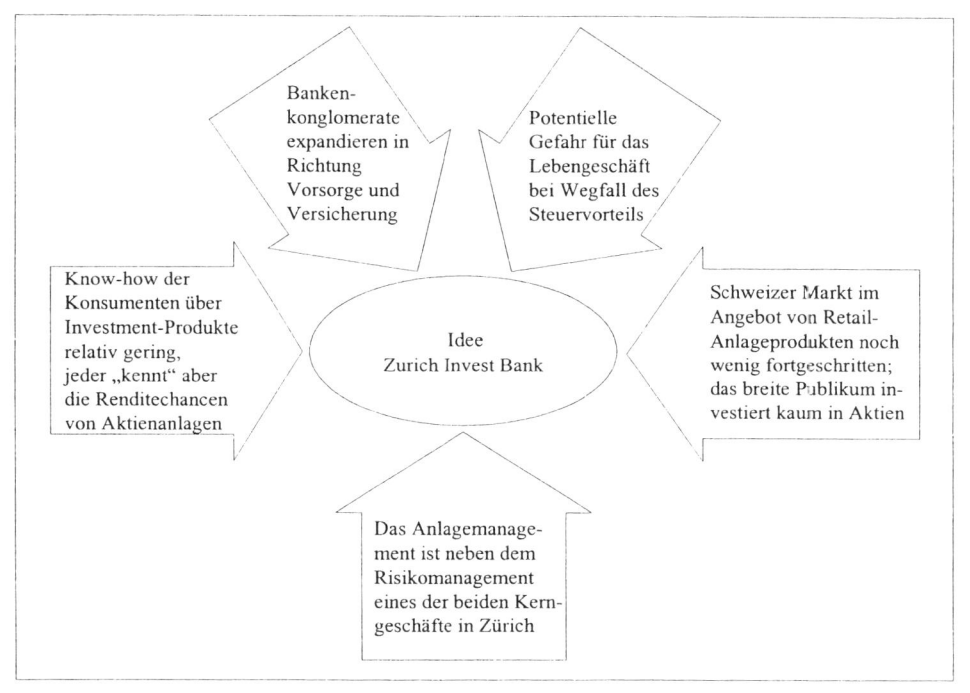

```
                 Banken-              Potentielle
                 konglomerate         Gefahr für das
                 expandieren in       Lebengeschäft
                 Richtung             bei Wegfall des
                 Vorsorge und         Steuervorteils
                 Versicherung

 Know-how der                                          Schweizer Markt im
 Konsumenten über                                      Angebot von Retail-
 Investment-Produkte                                   Anlageprodukten noch
 relativ gering,              Idee                     wenig fortgeschritten;
 jeder „kennt" aber      Zurich Invest Bank            das breite Publikum in-
 die Renditechancen                                    vestiert kaum in Aktien
 von Aktienanlagen

                      Das Anlagemanage-
                      ment ist neben dem
                      Risikomanagement
                      eines der beiden Kern-
                      geschäfte in Zürich
```

Abbildung 9: Hintergrund, welcher 1996 zur Idee der Zurich Invest Bank führte

Aufgrund dieser Entwicklungen fiel im Oktober 1996 der Entscheid zur Lancierung der Zurich Invest Bank. In der Folge baute die Zürich innert nur 2½ Jahren eine voll funktionstüchtige Bank mit eigener Lizenz, eigenem Betrieb, eigenem Contact Center und eigenem Finanz- und Risiko-Management auf.

Inzwischen betreut die Zurich Invest Bank rund 100'000 Konti und gegen 1½ Mia. CHF Assets under Management. Die wichtigsten Pfeiler, auf welchen der Erfolg der Zurich Invest Bank basiert, sind:

1. Produkte: Die Zurich Invest Bank konzentriert sich auf wenige einfache und intuitiv verständliche Produkte.
2. Marketing: Diese Produkte werden mit progressivem Direktmarketing vertrieben, das in der Schweizer Bankenszene noch wenig verbreitet ist.
3. Kanäle: Zusammen mit dem personellen Vertrieb der Zürich Schweiz führt der Direktvertrieb zu einem integralen Multi-Channel-Ansatz.
4. Segmente: Dieses Multi-Channel-Modell erlaubt die Bearbeitung des Retailsegments (Massenmarkt) wie auch des Segments vermögender Privatkunden ("Affluents").
5. Effizienz: Das Fehlen kostenintensiver Bankschalter und Zahlungsverkehrs-Infrastrukturen sowie ein hoher Standardisierungsgrad mit automatisierten Prozessen erlauben Kostenführerschaft.
6. Cross-Selling: Das preislich attraktive Sparkonto ist das "Einstiegsprodukt"; von dort werden die Kunden in einfache Anlageprodukte geführt, und somit wird die Produktedichte erhöht.
7. Wachstum: Rasches Wachstum generiert das nötige Volumen, welches für das Erreichen des Break-Evens erforderlich ist.

Der erste Erfolgsfaktor, einfache und verständliche Produkte, basiert auf dem Prinzip "ein Grundbedürfnis – ein Produkt". So wurden nach sorgfältigen Marktanalysen für die vier wichtigsten Kundenbedürfnisse je ein einziges Produkt entwickelt: Für Verfügbarkeit das Sparkonto, für Sicherheit der Anlagesparplan, für Ertrag der Aktiensparplan und zu Steuerzwecken das 3a-Vorsorgekonto.

Wie Abbildung 10 zeigt, basierte die Produkteentwicklung auf einem konsequenten Konsumgüter-Marketing-Ansatz, wo eine faktenbasierte Bedürfnisanalyse zu einem bedürfnisgerechten Produkte-Design führte. In konsequentem Testing mittels umfassender Fokus-Gruppen wurden sodann sämtliche Produkte sowie die Kommunikation mit potentiellen Kunden getestet. Diese kundenorientierte Produkteentwicklung führte zu einem sehr straffen und gut verständlichen Produktesortiment.

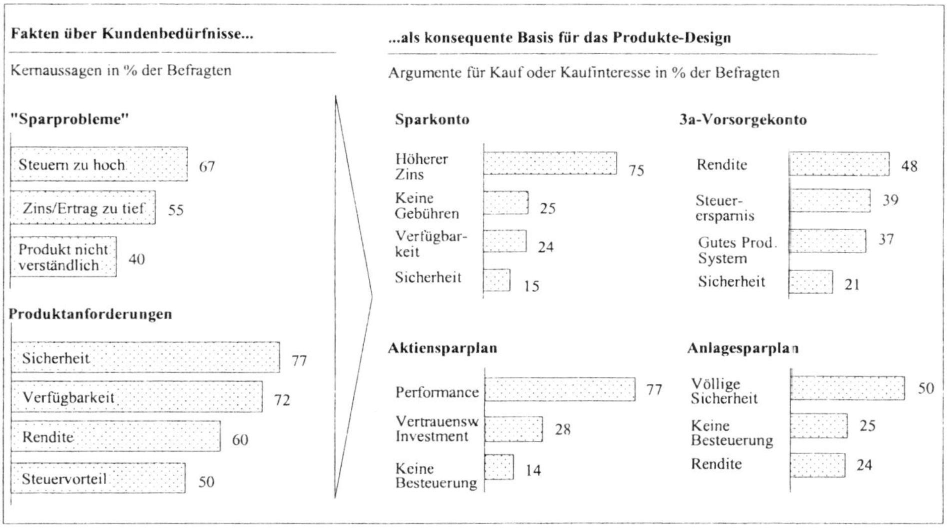

Fakten über Kundenbedürfnisse...	...als konsequente Basis für das Produkte-Design	
Kernaussagen in % der Befragten	Argumente für Kauf oder Kaufinteresse in % der Befragten	

"Sparprobleme"

- Steuern zu hoch: 67
- Zins/Ertrag zu tief: 55
- Produkt nicht verständlich: 40

Produktanforderungen

- Sicherheit: 77
- Verfügbarkeit: 72
- Rendite: 60
- Steuervorteil: 50

Sparkonto

- Höherer Zins: 75
- Keine Gebühren: 25
- Verfügbarkeit: 24
- Sicherheit: 15

Aktiensparplan

- Performance: 77
- Vertrauensw. Investment: 28
- Keine Besteuerung: 14

3a-Vorsorgekonto

- Rendite: 48
- Steuerersparnis: 39
- Gutes Prod. System: 37
- Sicherheit: 21

Anlagesparplan

- Völlige Sicherheit: 50
- Keine Besteuerung: 25
- Rendite: 24

Abbildung 10: Von faktenbasierter Bedürfnisanalyse zum bedürfnisgerechten Produkte-Design bei der Zurich Invest Bank

Der zweite Erfolgsfaktor, das in der Schweizer Finanzindustrie aussergewöhnliche Direktmarketing, wurde von der Zurich Invest Bank in den letzten Jahren erfolgreich weiterentwickelt und professionalisiert. Vieles im Direktmarketing ist "Trial and Error"; es wird getestet, welcher Ansatz bei welchen Kunden wie ankommt. Gleich bleibt indessen, auch bei sich ändernder Gestaltung, die gradlinige Kommunikationsform – einfach, verständlich, unverfälscht. Derzeitiger Ausdruck der innovativen Marketingstrategie der Zurich Invest Bank sind die in Abbildung 11 auszugsweise dargestellten Sujets der aktuellen Kampagne.

Abbildung 11:   Sujets der derzeitigen Marketingkampagne der Zurich Invest Bank

Der dritte Erfolgsfaktor der Zurich Invest Bank, der integrale Multi-Channel-Ansatz, kommt im ausgewogenen Kanal-Mix zum Ausdruck: Von den fast 100'000 aktiven Konti Ende September 2001 wurde über ein Drittel durch den Direktvertrieb akquiriert und mehr als die Hälfte vom traditionellen personellen Vertrieb zugeführt (siehe Abbildung 12).

Wichtigste Voraussetzung für das konstruktive Zusammenspiel unterschiedlicher Vertriebskanäle ist, dass keine einseitige Übervorteilung eines Kanals gegenüber anderen Kanälen erfolgen kann. Aber auch eine gemeinsame Zielabsprache und vor allem die vollwertige Incentivierung der Bankprodukte im Versicherungskanal sind unabdingbar.

Anzahl Konti per 30.09.2001

- Mitarbeiter: 7'069 (7%)
- Direkt-Marketing: 35'586 (38%)
- Personeller Vertrieb: 51'894 (55%)

Mehr als ein Drittel durch Direktvertrieb; über die Hälfte durch traditionellen personellen Vertrieb

Voraussetzungen für erfolgreiches integrales Multi-Channel-Modell:
- Keine Übervorteilung eines Kanals
- Gemeinsame Zielabsprachen
- Vollwertige Incentivierung auch für kanalübergreifende Produkte

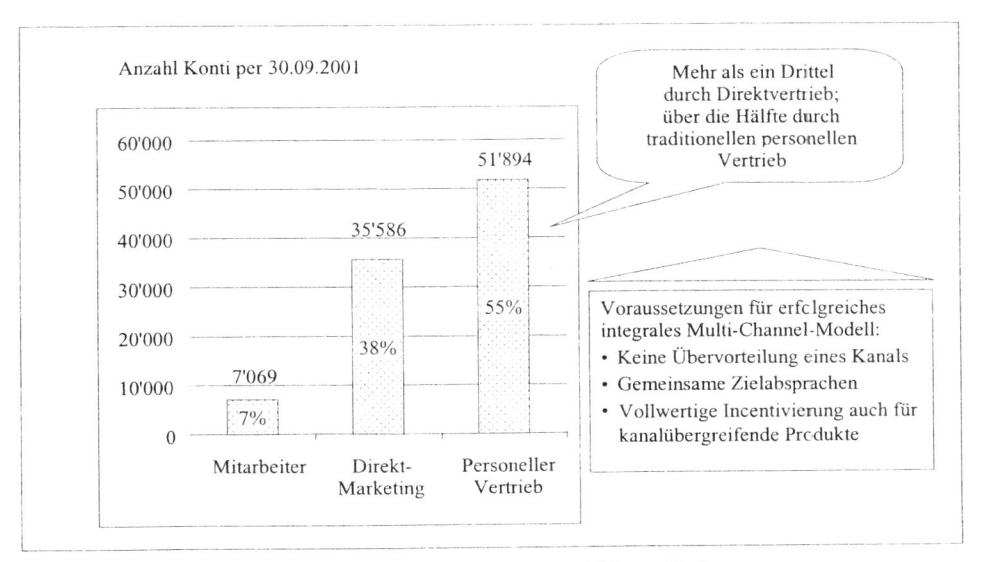

Abbildung 12: Der Erfolg des Multi-Channel-Ansatzes bei der Zurich Invest Bank

Ein weiterer Erfolgsfaktor, die hohe Effizienz der Zurich Invest Bank, reflektiert schliesslich die gelungene "Gratwanderung" zwischen einem isolierten Neubau auf der "grünen Wiese" und einer vollständigen Integration in die Strukturen der Zurich Financial Services Group. Abbildung 13 verdeutlicht, wie einerseits viele Elemente der "grünen Wiese", etwa das Fehlen von "Altlasten", die moderne IT Architektur oder die eigenständige Struktur und Kultur aufrechterhalten werden konnten. Andererseits ist die Zurich Invest Bank, je nach Funktion, auf unterschiedlichen Ebenen in den Gesamtkonzern eingebunden: Das Marketing beispielsweise wird durch den Geschäftsbereich Zürich Direkt wahrgenommen, HR und IT sind auf Stufe Zürich Schweiz zusammengefasst, und gewisse Finanzfunktionen oder das Investment Management werden auf Konzernebene angesiedelt.

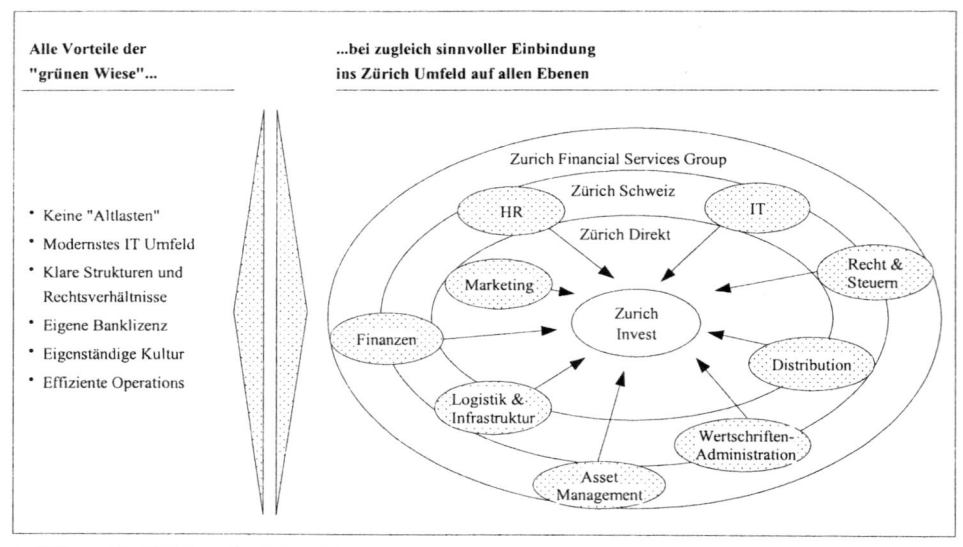

```
Alle Vorteile der              ...bei zugleich sinnvoller Einbindung
"grünen Wiese"...              ins Zürich Umfeld auf allen Ebenen
```

* Keine "Altlasten"
* Modernstes IT Umfeld
* Klare Strukturen und Rechtsverhältnisse
* Eigene Banklizenz
* Eigenständige Kultur
* Effiziente Operations

Abbildung 13: Effizienz durch Kombination von "grüner Wiese" und konsequenter Einbindung in den Gesamtkonzern

Mit der Lancierung der Zurich Invest Bank entlang der geschilderten Erfolgsfaktoren und auf Basis des Multi-Channel-Modells war die Entwicklung noch nicht abgeschlossen. Als nächster, unabdingbarer Horizont stand das "e-Enabling" der Bank an. Diesbezüglich konnte das hohe Entwicklungstempo aufrechterhalten werden, und nur acht Monate nach dem Markteintritt der Zurich Invest Bank wurde im Januar 2000 die "eBank" der Zurich Invest Bank aufgeschaltet. Heute benutzen rund 20% aller Kunden der Zurich Invest Bank die elektronischen Dienstleistungen im Passwort-geschützten Bereich auf dem Internet. Im Vergleich zu anderen Banken ist dies eine ausgesprochen hohe Nutzungsrate.

Mit dem "e-Enabling" der Zurich Invest Bank war der Grundstein für eine weitere Initiative der Zürich Schweiz im Rahmen ihrer integrierten Finanzdienstleistungsstrategie gelegt: dem "Finance Point".

III. Finance Point

Das Finanzportal Finance Point (www.financepoint.ch) ist seit März 2001 im Internet. Aufbauend auf dem e-Enabling der Zurich Invest Bank ist der Finance Point die Realisierung der Idee, Zürich-Kunden eine "Personal Finance & Risk Platform" zur Verfügung zu stellen.

Kunden sollen neben dem e-Banking weitere Finanzdienstleistungen sowie Versicherungsprodukte verfügbar haben und Finanzinformationen erhalten.

Der Aufbau des Finance Point erfolgt schrittweise und ist bezüglich Investitionsvolumen klar etappiert:

- Schritt 1 (März 2001)
    - e-Banking der Zurich Invest Bank
    - Trading über Swissquote
    - Informationen von Reuters Info
- Schritt 2 (Sommer 2002)
    - Anlegen von Fondsprodukten
    - Einstufiges Anmeldeverfahren ("Single Sign-On") für alle Angebote auf dem Finance Point
- Schritt 3 (geplant)
    - Managen von Zürich-Versicherungsprodukten
    - Virtuelle Beratung über "Advice Tools"

Charakteristisch für den Aufbau des Finance Point ist die offene, flexible Architektur (siehe Abbildung 14): Produkte und Services unterschiedlicher Anbieter lassen sich einbinden und auf einer Konsolidierungsstufe zu einer produktübergreifenden Sicht integrieren, welche das Contact Center unterstützt und ein "Customer Relationship Management" (CRM) ermöglicht. Darüber steht die Funktionalität eines "Single-Sign-On", also eines übergreifenden Anmeldeverfahrens, das den einstufigen Zugang zu allen Funktionalitäten erlaubt.

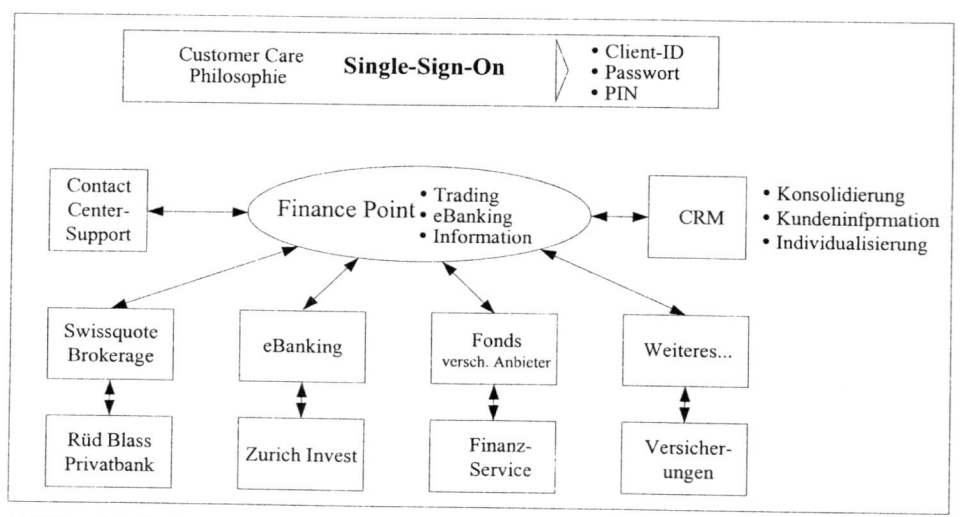

Abbildung 14: Struktur und Aufbau des Finance Points der Zürich Schweiz

Ein Beispiel für die Integrationsfunktion dieser Architektur findet sich in Abbildung 15: Die Vermögenswerte eines Kunden bei zwei verschiedenen Anbietern, bei der Zurich Invest Bank und bei Swissquote, sind auf einer Seite konsolidiert. Dabei ist diese Konsolidierung mittels eines einzigen Anmeldeverfahren erreichbar.

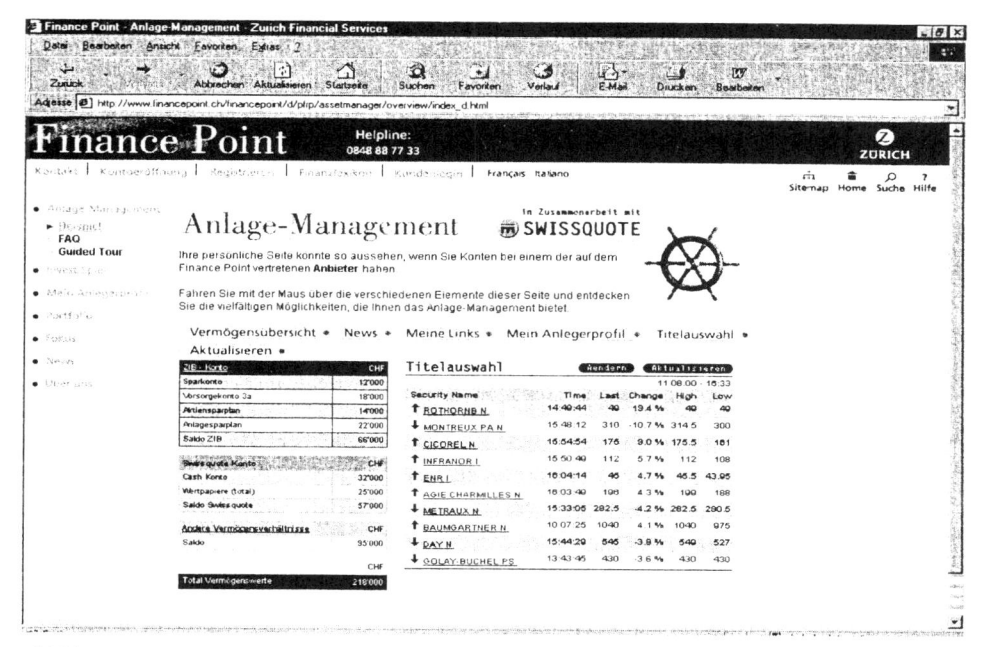

Abbildung 15   Konsolidierte Sicht über unterschiedliche Vermögenswerte bei einem Kunden auf dem Finance Point

Mit der schrittweise ausbaubaren Konsolidierungsfunktionalität des Finance Point sowie seiner Positionierung gegenüber den anderen beschriebenen Initiativen wird ein weiteres Mal die hohe Bedeutung der Multi-Channel-Fähigkeit für die Zürich Schweiz unterstrichen.

Abschliessend gilt es, einige bemerkenswerte Konklusionen festzuhalten.

E. Konklusionen

Die integrale Finanzdienstleistungsstrategie von der globalen Ausrichtung der Zurich Financial Services über europäische Ansatzpunkte bis hin zu konkreten Initiativen bei der Zürich Schweiz erlaubt folgende Schlussfolgerungen:

- **Bauen auf Kernkompetenz:**
  Die Zurich Financial Services konzentriert sich auf die Kernkompetenzen "Risiken bewältigen" und "Gelder anlegen" und erweitert so die Value Proposition für ihre Kunden in Richtung "Vermögensaufbau" mit Spar- und Anlagelösungen – ohne dabei in ungezielte Geschäftsfelder abzugleiten.
- **Fokus auf Distribution:**
  Das Geschäftsfeld Asset Management erfordert keine ausschliesslich "eigene Produktion"; im Zuge der Aufsplittung der Wertschöpfungsketten fokussiert sich die Zürich im Asset Management vermehrt auf die Distributionsseite, statt produktionsseitig "alles selbst herzustellen".
- **Multi-Channel-Ansatz:**
  Die verschiedenen Asset-Management-Initiativen der Zürich Schweiz (z.B. Finanz-Service, Zurich Invest Bank, Finance Point) zeugen von hoher Multi-Channel-Kompetenz, welche für eine innovative, integrale Finanzdienstleistungsstrategie ausschlaggebend ist.
- **Marketing-Enthusiasmus:**
  Ein am Konsumgütergeschäft orientierter konsequenter Marketingansatz der Zurich Invest Bank sorgt für ein einfaches und intuitiv verständliches Produktangebot, das den Markteintritt ins Banking mit vertretbarem Aufwand überhaupt erst ermöglicht.

Abbildungsverzeichnis

		Seite
Abbildung 1:	Strategischer Hintergrund der Asset-Management-Initiative der ZFS-Gruppe	125
Abbildung 2:	Rückverschiebung des AuM-Mix der ZFS-Gruppe in Richtung Versicherungsgelder nach dem "Deal" mit der Deutschen Bank	126
Abbildung 3:	Ansatzpunkte einer integralen Finanzdienstleistungsstrategie der Zürich in Europa	128
Abbildung 4:	Konvergenz der Finanzdienstleistungs-Modelle in Europa zum internationalen Multi-Channel-Ansatz	129
Abbildung 5:	Europäischer Privatkunden-Anlagemarkt gegenüber Zürich-Kundenbasis in Europa	130
Abbildung 6:	Die Initiativen einer integralen Finanzdienstleistungsstrategie bei der Zürich Schweiz	132
Abbildung 7:	Das Business-Modell des Zürich Finanz-Service	133
Abbildung 8:	Das Spektrum der Anlagelösungen des Zürich Finanz-Service	134
Abbildung 9:	Hintergrund, welcher 1996 zur Idee der Zurich Invest Bank führte	135
Abbildung 10:	Von faktenbasierter Bedürfnisanalyse zum bedürfnisgerechten Produkte-Design bei der Zurich Invest Bank	137
Abbildung 11:	Sujets der derzeitigen Marketingkampagne der Zurich Invest Bank	138
Abbildung 12:	Der Erfolg des Multi-Channel-Ansatzes bei der Zurich Invest Bank	139
Abbildung 13:	Effizienz durch Kombination von "grüner Wiese" und konsequenter Einbindung in den Gesamtkonzern	140
Abbildung 14:	Struktur und Aufbau des Finance Points der Zürich Schweiz	142
Abbildung 15:	Konsolidierte Sicht über unterschiedliche Vermögenswerte bei einem Kunden auf dem Finance Point	143

Zweiter Teil

Zusammenfassung der Paneldiskussion

PANELDISKUSSION

Dr. Peter G. Rogge:

Meine sehr verehrten Damen und Herren, wir haben heute einen grossartigen Überblick bekommen über etwas, von dem ich nicht genau weiss, ob es die Vergangenheit, die Gegenwart oder die Zukunft ist. Und genau darüber sollten wir heute miteinander sprechen. Denn wenn ich mich an meine Tätigkeit beim Schweizerischen Bankverein erinnere, so war es wohl das Jahr 1990/91, als wir uns in der strategischen Planung, einem Bereich der mir damals unterstand, mit der Frage auseinandersetzten: Allfinanz, Schweizerischer Bankverein, ja oder nein? Und wenn ja, in welcher Form? Damals sind wir zu der Entscheidung gekommen, dass uns eine Konzentration auf Kernkompetenzen angebracht zu sein scheint. Ich meine "damals" aus einer gewissen Bescheidenheit heraus, denn wir haben uns damals gesagt, die Versicherungen betreiben ein Geschäft, von dem verstehen wir von vornherein nicht mehr als diese. Das sollten wir denen wohl überlassen. Hingegen werden wir uns weiterhin auf unser Geschäft in einer Form konzentrieren, in welcher die Versicherungen nicht eingeladen sind, da hinein zu wildern. Wir haben das dann mehr oder weniger gut durchgehalten, und im Prinzip muss man ja heute sagen, dass diese Strategie nicht nolens volens, sondern praeda propta von der UBS auch noch weiter verfolgt wird. Aber ich will jetzt nicht einzelne Firmen charakterisieren.

Der Anknüpfungspunkt damals an 1991 hat sich mir deshalb aufgedrängt, weil das eine Zeit war, in der Allfinanz bereits ein Reizwort war. Es war ein Reizwort, das allgemein Interesse auslöste, und wer damals in der Bankwelt oder aber auch im Versicherungswesen zukunftsorientiert dachte, der hielt sich etwas darauf zugute, dass er über Allfinanz sprach und über Allfinanz nachdachte. Und in der Tat war es das Jahr 1991, als ING als erster Allfinanzkonzern in Europa geschaffen wurde, was damals sehr beachtet worden ist. Man sah darin den Beginn eines neuen Trends. Und ich erinnere mich an die Jahre 1992/93, in denen ich auch noch beim Schweizerischen Bankverein tätig war, als wir damals auch schon eine Reihe von Allfinanzveranstaltungen und Seminaren besuchten.

Meine Damen und Herren, das liegt nun ungefähr zehn Jahre zurück. Heute sind wir beieinander und sprechen wieder über Allfinanz. Und die Frage ist jetzt, sprechen wir über ein eigentlich in der Vergangenheit schon abgehaktes Thema, oder sprechen wir über ein in der Zukunft liegendes Thema? Man könnte die Frage auch noch weiter ausweiten. Die Finanzwirtschaft zeichnet sich ja durch den Zug der Lemminge aus. Wir springen immer wieder auf Züge auf, die von denjenigen die die Publizität in diesem Bereich beherrschen, angeführt werden. Wir alle meinen damit sehr modern und der Zeit voraus zu sein, dass wir über ein solches Thema nicht nur nachdenken, sondern uns auch darin betätigen. Vielleicht sind wir gar nicht der Zeit voraus, vielleicht sind wir nur Kinder dieser Zeit? Und wer weiss, vielleicht sind in fünf Jahren wieder ganz andere Zeiten und wir denken über Allfinanz schon wieder ganz anders als heute. Sie merken, worauf ich mit meiner Skepsis hinaus will. Ich möchte Sie einladen, meine Damen und Herren, in dieser kurzen Zeit, die wir für die Paneldiskussion zur Verfügung haben, uns vor allem der Frage des Geschäftsmodells der Allfinanz zuzuwenden. Der Frage: Ist das ein tragfähiges Geschäftsmodell oder ist es ein Geschäftsmodell, das gegenwärtig wieder einmal sehr viel Publizität hat? Doch die hatte es ja bereits schon einmal. Und die Frage ist, ist dies auf die Dauer gerechtfertigt?

Deshalb möchte ich gerade die erste Frage an unseren verdienten Professor Schierenbeck richten, der ja in einer phantastischen Weise immer diese Themen so einführt, dass eigentlich gar keine Fragen mehr offen bleiben. Vielleicht sind Sie auch gerade deshalb der Adressat für diese erste Frage, die ich jetzt aufwerfen möchte. Schauen Sie, über unserer heutigen Veranstaltung steht ja das Thema "Allfinanz oder Fokussierung". Man hätte eigentlich richtiger sagen sollen "Bündelung oder Fokussierung". Und wenn ich mir das so anschaue, dass wir seit 1991 eigentlich keineswegs einen revolutionären Trend auf die Allfinanz gehabt haben, dann habe ich den Eindruck, es seien doch der Durchsetzung dieses Bündelungsgedankens sehr viele Hindernisse erwachsen. Es sei jedoch sehr vieles im betriebswirtschaftlichen Bereich, das sich als sehr bremsend herausgestellt hätte, das es verhindert hat, dass die Allfinanz wie eine Woge bereits über die 90er Jahre hinweggeschwappt wäre. Bis heute haben wir sehr grosse Marktteilnehmer die sagen: "Allfinanz, nicht für uns", die sich sogar noch trennen von ihren Versicherungsbeteiligungen wie die UBS mit Rentenanstalt und Bâloise und National. Auch die Zürich hat ja irgendwo eine Bereinigung mit der Deutschen Bank zustande gebracht. Vielleicht kann man das so interpretieren. Aber auch wenn man von kleineren Banken spricht: Ich möchte an die Migros Bank erinnern, die sich von ihrer Secura getrennt hat, aber die Bank weiterhin behält. Aber offensichtlich gibt es auch gegensätzliche Trends in diesem Markt, und deshalb jetzt die Frage an Sie, Herr Schierenbeck: Was sind eigentlich die Haupthindernisse auf diesem Wege zur Allfinanz?

Prof. Dr. Dr. h.c. Henner Schierenbeck:

Sie haben zu Recht am Anfang gesagt, dass das ganze Denken in Allfinanzkategorien eigentlich so seinen Start Ende der achtziger, Anfang der neunziger Jahre hatte. Das kam ja auch einher mit meinem Wechsel von Deutschland (Universität Münster) in die Schweiz. Mein erster öffentlicher Auftritt hier an der Universität war damals im übrigen genau das Thema Allfinanz. Mein Vortrag wurde sehr geduldig und freundlich aufgenommen, so möchte ich mal sagen. Aber im Anschluss daran kamen viele Leute auf mich zu, sowohl Banker als auch Versicherungsleute, und sagten: "Schön, dass Sie hier sind, und der Gedanke Allfinanz ist auch ganz faszinierend, aber eins sollten Sie sich schon einmal klar machen: Das mag ja in Deutschland funktionieren, in der Schweiz mit Sicherheit aber nicht."

Jetzt mal Ihre Frage von der andern Seite betrachtet: Allfinanz, ich hatte versucht, es in meinem Vortrag zu verdeutlichen, kann man aus der institutionellen Sicht, aus der Vertriebs- und aus der Kundenperspektive her abgrenzen. Wenn man es von der Kundenperspektive her abgrenzt, so gibt es nichts Natürlicheres als Allfinanz. Denn Finanzbedürfnisse lassen sich nicht einfach an der überkommenen Arbeitsteilung in der Finanzdienstleistungsindustrie abgrenzen. Das wurde heute ganz deutlich mit Hinweis auf den Lebenszyklus eines Menschen. Und ein Finanzdienstleister, der sozusagen in der Lage ist, lebenszyklusgerecht entsprechende Beratung zu leisten, der hat natürlich ganz klar einen entsprechenden Vorteil gegenüber jemandem, der nur ein isolierter Produktverkäufer ist. Das Fazit lautet also, es gibt eigentlich nichts Natürlicheres als Allfinanz aus der Sicht des Kundenbedürfnisses. Die Probleme entstehen in dem Augenblick, wo wir Institutionen haben, die aus ihrer beschränkten Welt heraus tätig werden. Banken und Versicherungen haben traditionell unterschiedliche Geschäftsmodelle, unterschiedliche Kulturen, andere Anreizsysteme - und ganz entscheidend für den Vertrieb - andere Mentalitäten. Und ich hatte in meinem Vortrag hervorgehoben, dass es gegenwärtig wichtige Treiber für eine Konvergenz dieser an sich früher sehr streng getrennten Welten gibt. Stichworte hierzu sind einmal die Deregulierung, zum andern aber auch die zunehmende Kapitalmarktorientierung beider Welten. Ausserdem galt früher, dass, wenn Versicherungen von Risikoabsicherung sprachen, sie natürlich nur das versicherungstechnische Risiko meinten. Mittlerweile ist es so, dass das Risikomanagement in beiden Welten stärker kapitalmarktorientiert fundiert ist und als Bindeglied sowohl für das Bank- als auch für das Versicherungsgeschäft wirkt. Hinzu kommen natürlich die tiefgreifenden Entwicklungen im Rahmen der Altersvorsorge, die eine Konvergenz begünstigen.

Die Schwierigkeiten und die Probleme, die gegen Allfinanzstrategien ins Feld gehoben werden, sind natürlich nicht zu übersehen. Aber sie sind zumindest zum Teil Ausdruck eines Abwehrreflexes gegenüber radikalen Veränderungen. Denn es ist eine simple Erfahrung, dass Institutionen in Zeiten, wo es ihnen gut geht, nicht lernfähig sind. Denn dann ist der Zwang, radikale Veränderungen durchzuführen, sehr klein. Meine These wäre, dass die Grenzen für Allfinanzkonzepte in dem Augenblick sehr schnell überwunden werden, in dem die Marktbedingungen für das traditionelle Geschäftsmodell sich dramatisch verschlechtern. Und dieser

Tag wird kommen. Ich möchte letzteres auch begründen mit der bereits starken Marktstellung der unabhängigen Finanzvertriebe in Deutschland. In Zukunft könnten diese einen Marktanteil von bis zu dreissig Prozent im Vertrieb von Finanzdienstleistungsprodukten erlangen. In der Schweiz ist diese Entwicklung erst am Anfang. Was würde eine ähnliche Entwicklung in der Schweiz für die angestammten Institutionen, die Banken und Versicherungen in ihren getrennten Welten, bedeuten? Hier würde dann ein starker Druck entstehen, diesen Allfinanzgedanken stärker als in der Vergangenheit auch umzusetzen.

Dr. Peter G. Rogge:

Ist das wirklich so? Da würde ich jetzt gerade Herrn Essing fragen. Herr Essing: Sie sind ja nun wirklich im unabhängigen Finanzdienstleistungsgeschäft tätig gewesen. Da sind Sie zu Hause. Wenn sich das jetzt also auf dreissig Prozent Marktanteil vergrössern sollte, wie das Professor Schierenbeck für möglich hält – oder wie es sich auch gegenwärtig abzeichnet – ist das eigentlich eine Übernahme der Allfinanzfunktion durch selbständige Finanzdienstleister? Und werden damit die Banken und die Versicherungen nicht praktisch zu Produkthäusern, zu Produktionszentren, relegiert oder zurückgewiesen?

Herr Wolfgang Essing:

Ich möchte direkt auf die Frage eingehen und Herrn Prof. Schierenbeck an der Stelle eventuell sogar noch ergänzen. Ich denke, dass der Anteil an freien Finanzdienstleistern, bezogen auf das Geschäftsvolumen – ohne dass ich das jetzt wissenschaftlich untermauern kann – noch höher sein wird, wenn die Banken und die Versicherer so weiter agieren wie dies in den letzten Jahren der Fall war. Wenn Sie heute mit dem Vorstand eines Finanzdienstleisters, eines Allfinanzdienstleisters sprechen, und ihn fragen: „Wer sind Ihre grössten Wettbewerber?" wird die Antwort wahrscheinlich wie folgt aussehen: „Na ja, da gibt es vielleicht ein paar Kleine, die ein ähnliches Geschäftsmodell haben wie wir, aber da gibt es die Grossbanken, die wir derzeit nicht als primäre Wettbewerber betrachten. Die sind viel zu sehr mit ihren internen Strukturen, mit ihren internen Problemen beschäftigt; konzentrieren sich viel zu wenig auf das eigentliche Kerngeschäft, das Allfinanzgeschäft, und haben letztendlich auch strukturelle Schwierigkeiten, das umzusetzen. Da sind im wesentlichen als potentiell gefährliche Wettbewerber die kleineren, die mittleren Institute, die nicht die Bremsspur eines Tankers haben, wenn sie dann mal in Bewegung kommen, vorausgesetzt, dass sie sich letztendlich dann tatsächlich ihrer eigentlichen Kernkompetenz, der ganzheitlichen Beratung des Kunden widmen.

Ich denke, dass sie da eine Riesenchance im Markt haben, weil sie letztendlich insbesondere den Vertrauensvorschuss des Kunden geniessen, was ich schon heute morgen in meinem Vortrag ansprach. Herr Dr. Rogge; ganz kurz noch zu folgendem: Sie haben gefragt: „Was ist wichtig, Fokussierung oder Allfinanz?" Ich möchte die Frage ganz einfach beantworten: Ich sage: „Die Fokussierung auf Allfinanz ist wichtig".

Dr. Peter G. Rogge:

Die Fokussierung auf Allfinanz ist wichtig. Aber es ist doch eine Entspezialisierung, wenn Sie so wollen. Wenn Sie sich zum Arzt begeben und eine unspezifische Krankheit in sich fühlen, dann gehen Sie ganz sicher zu erst zum Allgemeinarzt. Ist die Sache ernst, bewegen Sie sich zum Spezialisten. Und die Frage ist, ob das nicht im Vermögensverwaltungsgeschäft und in der Altersvorsorge in ähnlicher Weise festzustellen ist?

Prof. Dr. Dr. h.c. Henner Schierenbeck:

Nur ganz kurz eine Ergänzung: Wir müssen bei der Spezialisierung fragen: Spezialisierung – worauf? Es gibt Kundenspezialisten und es gibt Produktspezialisten. Der Allfinanzbetreuer ist ein Kundenspezialist, der selbstverständlich nicht alle Produkte genaustens kennen muss. Er muss aber wissen, was der Kunde will und welche Bedürfnisse er mit welchen Produkten befriedigen kann. Also von daher würde ich als kranker Mensch durchaus, und ich mache das auch im übrigen, zu einem Allgemeinarzt, einem Hausarzt gehen, von dem ich genau weiss, dass er sicherlich nicht alles im Detail weiss. Aber zu ihm habe ich Vertrauen, er kennt meine Stärken und Schwächen, und die kann er einbauen in seine Therapievorschläge, die natürlich auch die Überweisung zu einem Facharzt einschliessen. Das heisst also, der Allfinanzberater ist wie der Hausarzt, der den Normalfall abdeckt und die Vernetzung zu den Produktspezialisten sicherstellt.

Dr. Peter G. Rogge:

Aber da sind wir jetzt bereits an einem sehr interessanten Punkt, nicht wahr? Denn es ist jetzt zweimal schon gesagt worden; eine Fokussierung auf die Produktion oder eine Fokussierung auf die Vertriebskanäle. Herr Weber hat das in einer sehr deutlichen Art und Weise ausgesprochen und Herr Angehrn hat in seinem Vortrag sehr interessant von dem „Unbundling" der

„Value Chain" gesprochen. Nicht ganz verständlich, wenn man auf deutsch denkt. Die Frage ist, Herr Angehrn: Geht der Trend nicht inskünftig statt in Richtung auf eine Bündelung von Versicherungs- und Bankdienstleistungen auf ein „Unbundling" in Produkt- und Vertriebshäuser?

Herr Peter Angehrn:

Die Welt ist eigentlich einfach: Was will der Kunde? Der Kunde will ja nichts anderes, als finanzielle Werte aufbauen, bewahren, sichern und dafür sorgen, dass sie dem ihnen zugedachten Zweck dienen, nämlich dem der Vorsorge. Wer ihn jetzt dabei unterstützt; ob ein Allfinanzkonzern oder ein fokussierter Anbieter, der nur einen kleinen Teil in dieser Wertschöpfungskette übernimmt, entscheidet der Kunde. Ob wir die Aufteilung zwischen Produktion und Vertrieb machen, oder ob wir diese Wertschöpfungskette noch weiter auseinander nehmen, es geht letztlich immer darum, dass wir in unserem Bereich die Besten sind. Und wenn wir jetzt sehen, dass gewisse unabhängige Finanzberater grossen Erfolg haben, dann heisst das nichts anderes, als dass eben die Banken oder die Versicherer mit ihrem integrierten Geschäftsmodell in Vertriebsfragen eventuell Verbesserungspotential haben. Vielleicht stellen unabhängige Finanzberater bei der Abdeckung der Kundenbedürfnisse eine neue Messlatte dar. Der Wettbewerb zwischen Allfinanzkonzernen, die zwingend eine gewisse Grösse haben müssen um überlebensfähig zu sein, und Anbietern, die nur gewisse Elemente offerieren, treibt letztlich die Entwicklung im Allfinanzgeschäft vorwärts.

Dr. Peter G. Rogge:

Ich möchte noch einen Augenblick bei Ihnen bleiben, denn Sie sind ja hier in unserem Kreise der Repräsentant eines Unternehmens, das auf dem Wege zur Allfinanz vielleicht am weitesten fortgeschritten ist, wenn man davon ausgeht, dass Sie das nicht auf der grünen Wiese schaffen, sondern aus der Kombination einer bisher schon hoch angesehenen eigenständigen Versicherungsgruppe und einer bisher schon hoch angesehenen eigenständigen Bankgruppe. Wenn Sie hier in diesem Kreise, der hoffentlich ohne Presse ist, wo wir also quasi unter uns sind, wenn Sie in diesem Kreise sagen sollen: Wo waren denn eigentlich bei diesem Zusammenschluss, nach Ihrer Erfahrung in den letzten Jahren, die entscheidenden Herausforderungen, die entscheidenden Hürden, die zu nehmen waren, die für den Erfolg dieses ganzen Vorhabens wirklich zu bewältigen sind?

Herr Peter Angehrn:

Wenn es Hürden gibt, dann muss es sich auch lohnen. Was ist der Gewinn? Den habe ich heute morgen angesprochen. Der liegt im Synergiepotential: Auf der Erlösseite bei der Ausschöpfung der Kundenbasis, bei den Synergien im Kostenbereich und - vielleicht langfristig am wichtigsten - in den Synergien im Knowledgebereich.

Sie fragen nach den Hürden? Häufig angesprochen werden die kulturellen Unterschiede Ein Banker denkt anders, er denkt kurzfristiger als ein Versicherungsmann, der lebt in langen Zeiträumen. Sein Produkt deckt dreissig und mehr Jahre ab. Diese unterschiedliche Denkweise führt häufig – aber nicht zwingend – neben unterschiedlichen Strukturen auch zu unterschiedlichen betrieblichen Kulturen. Um diese zu überwinden, braucht es eine gewisse Zeit, und es wird letztlich ein Herantasten sein. Im Falle der Credit Suisse Group mit der Winterthur war das ebenfalls so. Man muss dabei berücksichtigen, dass die Credit Suisse mit der CS Life bereits schon eine gewisse Erfahrung im Lebensversicherungsgeschäft hatte. Eine gewisse Affinität war bereits vorhanden. Aber trotzdem: Die kulturelle Differenz kann nicht weggeleugnet werden. Und der Weg der Credit Suisse Group ist ein schrittweises Annähern. Wir haben begonnen, indem wir die Versicherung und die Bank als Business Units strukturiert haben, die miteinander kooperieren. Das hat in einigen Bereichen sehr gut funktioniert, in anderen weniger. Der nächste Schritt, den wir in diesen Monaten vollziehen, besteht darin, dass wir uns laufend näher kommen – sowohl in den Strukturen, den Strategien sowie bei unserem Marktauftritt. Das erfolgt durch die Schaffung der Credit Suisse Financial Services, in der Versicherung, Lebensversicherung, Private Banking und Retail Banking als Divisionen einer Business Unit operieren.

Dr. Peter G. Rogge:

Herr Angehrn hat auf meine Frage nach den Hürden geantwortet. Herr Weber, ich würde Ihnen jetzt gern die Frage nach den Potentialen stellen. Sie haben ja sehr interessant am Ende Ihres Referats gesagt: Wichtig sei eigentlich das Bauen auf Kernkompetenzen - jedenfalls nach Ihrer Erfahrung. Sie haben gesagt: Risiken bewältigen, Geld anlegen und andererseits aber auch konzentrieren auf ihre Distributionsfähigkeit, die Sie ja mit dem Multichannel Approach sehr eindrucksvoll ausnutzen. Was hat sich eigentlich nach Ihrer Erfahrung dabei als erfolgsentscheidend erwiesen, die Skaleneffekte, die Sie erreicht haben bei der Zusammenführung von „Back Office Activities", oder die Skaleneffekte die Sie erreicht haben bei der Ausweitung Ihres Kundennetzes?

Dr. Lukas D. Weber:

Ich denke, beide Aspekte sind erfolgsversprechend: Skaleneffekte im Kundennetz verweisen auf die Distributionsseite, Synergien im "Back Office"-Bereich referenzieren auf die Produktionsseite. Und die zunehmende Separierung von Distribution und Produktion ist ja gerade Ausdruck für diese beidseitigen Synergiepotentiale.

Der grösste Effekt liegt dabei vielleicht im Prinzip der "Open Architecture":
Auf der Distributionsseite bedeutet die offene Architektur, einen neutralen Beratungsansatz zu verfolgen, und wirklich auch Drittprodukte anzubieten. So lassen sich Skaleneffekte bei bestehenden Kundenbeziehungen erzielen.

Auf der Produktionsseite bedeuteten Skaleneffekte ja einfach Volumen, Volumen Volumen. Mit der offenen Architektur lässt sich das Volumen beispielsweise steigern, indem die Produkte, die selbst produziert werden, im Sinne eines "Wholesales" auch über andere Distributoren vertrieben werden.

Zusammenfassend glaube ich also, dass beide Aspekte – Synergien bei der Distribution und Synergien bei Produktion – möglich und sinnvoll sind. Und die "Open Architecture" ist das verbindende Element dabei.

Dr. Peter G. Rogge:

Herr Bosman, wenn ich richtig zugehört habe, dann ist dieses Prinzip der offenen Architektur, das Herr Weber jetzt gerade eben erwähnt hat, ja wohl auch ein Prinzip, das Sie bei der UBS Financial Planning ebenfalls verfolgen. Ich meine, Sie hätten etwas Derartiges erwähnt, und seien also auch für Produkte Dritter offen. Das führt natürlich zu einer Frage, die ich Ihnen allen stellen möchte, aber Herr Bosmann ist jetzt als erster angesprochen: Wenn alle alles verkaufen, was bleibt dann eigentlich noch an Möglichkeiten zur Differenzierung?

Herr Aleidus G. Bosman:

Auch bei der früheren und im übrigen auch heute noch ausgeprägten vertikalen Integration der Industrie war die Differenzierungsproblematik natürlich immer schon gegeben und nicht einfach lösbar. Bei der offenen Architektur steht jedoch die fundamentale Frage der Führung eines solchen Systems im Zentrum.

Ich glaube, dort liegt die eigentliche Herausforderung. Es klingt ja sehr einfach, gerade im Versicherungsbereich, wenn man sagt: "Wir haben 'Open Architecture', und wir bieten dem Kunden das beste Produkt an." All die Produkte wirklich qualitativ zu führen, ist wahrscheinlich im Versicherungsbereich noch komplizierter als es im Bankbereich der Fall ist. Für ein besseres Verständnis muss man Grundsätzliches unterscheiden: „Open Architecture" heisst nicht, dass Sie einfach offen sind für Drittprodukte, und, dass der Kunde Drittprodukte anstelle von Inhouse-Produkten wählen kann, und dass Sie vielleicht auch eine gewisse Unabhängigkeit sicherstellen, indem Sie Produktion und Vertrieb trennen. Die „Open Architecture" wird nur dann Erfolg haben, wenn Sie gleichzeitig dem Kunden die Beratung erbringen und ihm aufzeigen, wie er mit diesem Angebot auf seine Bedürfnisse zugeschnitten, umgehen kann. Das heisst, dass Sie effizient eine qualitative Verfolgung all dieser Produkte im Markt sicherstellen müssen. Und das ist ein immenses Spektrum. Da sind sehr viele Anbieter im Markt, die es laufend zu beurteilen gilt – eine sehr komplexe Herausforderung. Ich sage es noch einmal: Bei den Bankprodukten ist es vielleicht etwas einfacher, die Performance zu verfolgen, als zum Beispiel bei Versicherungsprodukten, wo die Variation, die Analyse und die Vergleichbarkeit sehr viel schwieriger ist. Ein Portfolio bezüglich Risiko und Return zu vergleichen, ist wahrscheinlich einfacher als ein Vergleich von Versicherungsprodukten.

Gerade hier liegt die wirkliche Herausforderung. Das System so zu bauen, und die Abläufe so zu gestalten, dass Sie einen Beratungsmehrwert schaffen und dann wirklich auf der Kundenseite sitzen, dessen Situation und Bedürfnisse im Detail kennen, und den Kunden in diesem Universum von Produkten (eben nicht nur Inhouse) begleiten, beraten und ihm tatsächlich über die Zeit in einem langfristigen Beratungsprozess immer die für ihn optimale Selektion zur Verfügung stellen. Und ich glaube, das ist etwas, was vielleicht einfach tönen mag; jedoch das zu erreichen, wird schwierig sein, und viele werden das notwendige Qualitätsniveau nicht erreichen.

Dr. Peter G. Rogge:

Auf diese Schwierigkeit werden wir sicherlich gleich noch einmal zurückkommen, aber ich würde ganz gerne noch einen kleinen Moment bei den Verkaufsaktivitäten bleiben und richte meine Frage jetzt an Herrn Essing. Herr Essing, wenn ich mir die bisherige Ausbreitung der Allfinanzakivitäten in Europa anschaue, dann habe ich den Eindruck, die seien im allgemeinen eigentlich mehr Angebots- als Nachfragegetrieben. Und wenn Sie diesen Eindruck auch teilen, dann möchte ich Sie fragen: Ist das eigentlich ein Indiz für eine bisher fehlende Markterschliessung oder ist das ein Indiz für ein bisher fehlendes Kundenbedürfnis?

Herr Wolfgang Essing:

Wie kommt es dazu, dass eigentlich das Allfinanzthema – zumindest europaweit betrachtet – noch nicht die Bedeutung hat, wie es beispielsweise in Deutschland der Fall ist? Dazu, Herr Dr. Rogge, haben Sie eine sehr schöne Einleitung gebracht, als Sie die Diskussion eröffnet haben. Sie haben gesagt: Die Banken, insbesondere in der Schweiz, haben über Jahre überlegt: Ist Allfinanz der richtige Weg? Das gleiche ist in Deutschland passiert. Wenn Sie schauen, was die deutschen Banken und insbesondere auch die Grossbanken gemacht haben; die haben sich über Jahre mit der gleichen Frage beschäftigt. Während dieser Zeit haben sich Allfinanzkonzerne entwickelt, die heute eine sehr respektable Bewertung haben, beispielsweise MLP. Wenn wir uns den Aktienkurs dieses Unternehmens anschauen – derzeit hat das Unternehmen immer noch ein KGV von ca. siebzig – zeigt das im Prinzip welches Potential man diesem Unternehmen zutraut. Nach wie vor ist der Markt relativ stark Angebotsgetrieben; dies ist sicherlich richtig. Aber ich denke, dieser Angebotsgetriebene Markt produziert zunehmend auch Nachfrage. Schlicht und ergreifend weil beispielsweise diejenigen, die sich dafür entscheiden – und ich denke über die Frage Allfinanz ja oder nein, entscheidet letztendlich nur der Kunde – in Deutschland immer mehr werden. Bei allen grossen renommierten Finanzvertrieben hat man erkannt, dass dieses Potential in Deutschland sicherlich da ist, dass es weiter ausbaubar ist, und dass es multiplizierbar ist in anderen Märkten. Wenn wir uns die Schweiz anschauen, so ist es ein Markt; das haben uns auch die Zahlen von Herrn Professor Schierenbeck gezeigt, der bezogen auf diesen Bereich noch relativ stiefmütterlich ist, dessen Erschliessung aber sicherlich in den nächsten Jahren sehr stark in Angriff genommen wird. Wenn Sie sich die Expansion der grossen Finanzkonzerne anschauen, dann geht diese Expansion eindeutig in Richtung Europa. Man versucht jetzt einfach erst einmal zu lernen, beispielsweise in Österreich oder England, wie man die Märkte erschliesst. Wenn das einmal gelingt, werden sich diese Vertriebsroutinen, die in diesen Konzernen sehr stark ausgeprägt sind, sehr schnell auch in neuen Märkten entwickeln. Ich bin trotzdem der Überzeugung, dass die Banken und die Versicherer, wenn sie sich letztendlich diesen Veränderungen anpassen, sich entsprechend ausrichten, ein immenses Marktpotenzial haben. Sie werden nicht nur ein gewichtiges Wort mitreden, sondern werden weiter die Marktführerschaft haben, weil sie einfach bestimmte Assets haben – auch vergangenheitsbedingt – die freie Finanzdienstleistungskonzerne derzeit noch nicht haben, und für die sie noch sehr lange brauchen werden.

Dr. Peter G. Rogge:

Wir würden an dieser Stelle nicht über Allfinanz sprechen, wenn darin nicht Chancen liegen würden. Aber wir sollten auch über die Schwierigkeiten sprechen, und da zeigt es sich jetzt nun, dass die Allfinanzkonzerne natürlich komplexe Gebilde sind. Wer wüsste das nicht besser als die beiden Vertreter von Allfinanzkonzernen hier an diesem Tisch. Die will ich jetzt nicht damit aus dem Busch klopfen, sondern ich möchte eigentlich wieder den Betriebswirtschaftler unter uns ansprechen. Ist nicht die Komplexität des Managements derartiger Konzerne eine Hürde, die bisher noch von niemandem angesprochen worden ist? Und sehen Sie für das Management der Komplexität im Allfinanzbereich neue Geschäftsmodelle? Oder um es noch zu konkretisieren, liegen die dann mehr auf einer Holdingebene, unterhalb der dann wiederum spezialisierte Gesellschaften arbeiten, oder liegen sie mehr in einem wirklich fusionierten Unternehmen?

Prof. Dr. Dr. h.c. Schierenbeck:

Ich möchte zunächst einmal Ihrer These widersprechen. Ich glaube nicht, dass Allfinanzkonzerne besonders hoch komplexe Organisationen sein müssen. Sie sind es natürlich nur, wenn sie von der falschen Grundphilosophie aus gesteuert werden. Lassen Sie mich das vielleicht noch mal wie folgt begründen: Wir hatten vorhin gesprochen von der „Trennung von Produktion und Vertrieb", wobei Produktion in diesem Fall auch noch das Portfolio Management miteinschliesst. Und aus der Sicht der Entwicklung, die auch Herr Essing aufgezeigt hat, besteht bei einem weiteren Vordringen der unabhängigen Finanzvertriebe zunächst mal die Gefahr, dass Banken und Versicherungen, wenn sie sich nicht entsprechend positionieren, in die Position des Produktproduzenten zurückgedrängt werden. Das ist deswegen entscheidend, weil dort – das behaupte ich einfach mal jetzt so – die notwendigen Margen nicht verdient werden können. Die interessanten Margen werden im Retail-Vertrieb verdient. Das alles Entscheidende ist also die Kundenfranchise, die es zu erhalten und zu gewinnen gilt.

Und deswegen müssen die Banken und Versicherungen das Geschäftsmodell, was ja offensichtlich bei den Finanzvertrieben erfolgreich ist, sozusagen nachahmen. Und was ist deren Erfolgsrezept? Ich möchte es nochmal mit einem Stichwort sagen: Kundenspezialisierung. Lassen Sie mich das am Beispiel der Orchestermusik beschreiben. In einem Orchester haben wir Bläser, Streicher usw. sowie den Dirigenten. Erstere sind Produktspezialisten, letzterer ist analog der Kundenspezialist, dem es obliegt, die Produktspezialisten zum harmonischen Zusammenspiel zu bringen. Natürlich ist das eine komplexe Aufgabe, aber sie liegt auf anderer Ebene als die Aufgabe der Orchestermusiker. Übersetzt heisst das, man muss die Kundenbedürfnisse kennen und entsprechend der Kundenbedürfnisse in der Lage sein, einen Vorrat von Produkten zu bündeln. Und diese Bündelung ist eine Vertriebsaufgabe, die, wie das Herr Essing, glaube ich, schon sehr schön gesagt hat, gar nicht so unerhört schwierig ist. Die wirklich schwierige Aufgabe ist, sich zu trennen von der Produktorientierung hin, zur Kundenorientierung. Und das fällt den Banken und den Versicherungen offensichtlich nicht leicht.

Dr. Peter G. Rogge:

Die Kooperationspotentiale im Allfinanzbereich bestehen ja eigentlich in dreierlei Hinsicht: Einmal bestehen sie in der Zusammenführung komplementärer Produkte, die kann man irgendwo einkaufen. Sie bestehen zweitens in der Konzeption integrierter Produkte, das ist etwas ganz anderes. Und sie bestehen drittens natürlich in einer gemeinsamen Resourcennutzung, etwa von IT-Resources, Financial Resources und Human Resources. Wo sehen Sie denn die grössten Chancen?

Prof. Dr. Dr. h.c. Schierenbeck:

Etwas möchte ich noch einmal sagen: Es ist zweifelhaft, ob die (Retail-)Kunden viele anspruchsvolle komplexe Produkte, die ihnen teilweise von den Produkt- und Finanzingenieuren derzeit geliefert werden, überhaupt brauchen. Mit einfachen, standardisierten Produkten lässt sich im Retailgeschäft jedenfalls sehr erfolgreich wirtschaften. Es gibt natürlich Spezialmärkte für komplexe Produkte, aber hier sind immer relativ kleine Volumina involviert.

Dr. Peter G. Rogge:

Also, das ist natürlich eine sehr interessante These, die ich gerade jetzt zur weiteren Ausführung an Herrn Angehrn weiterreichen möchte.

Herr Peter Angehrn:

Grundsätzlich sind die Produkte einfach. Die einzelnen Elemente sind erfunden und ess wird nicht sehr viel Neues unter der Sonne geben. Was aber neu ist und auf was es letztlich auch ankommt, ist, dass man diese Produktbestandteile auf eine Weise zusammenfügt, dass sie zusätzlichen Kundenbedürfnissen entsprechen. Ich möchte da als Beispiel die fondsgebundenen Versicherungsprodukte erwähnen, wo bei den Produktbestandteilen sich klassisches Bank- und Versicherungs-Know-how miteinander verbinden und so zusätzlichen Nutzen schaffen.

Dr. Peter G. Rogge:

Ist das nach Ihrer Erfahrung ein Produkt, das auch verstanden wird von den Kunden? Oder bedarf es da einer erheblichen Beratungsintensität?

Herr Peter Angehrn:

Ich denke nicht. Der Erfolg der fondsgebundenen Produkte zeigt klar, dass sie einem Marktbedürfnis entsprechen. Ein Produkt, das vom Durchschnittskunden verstanden wird. Selbstverständlich geht die Entwicklung weiter und wird vielschichtiger. Man kann nicht nur Fonds in eine Lebensversicherung einbinden. Grundsätzlich kann man jegliche Art von Vermögenswerten in eine Lebensversicherung verpacken und so die spezifischen Vorteile, wie steuerliche Behandlung, erbrechtliche Aspekte etc. ausnützen, die ein Lebensversicherungsmantel beinhaltet. Das sind dann spezialisierte Produkte, die in sehr spezifischen Situationen zur Anwendung kommen.

Dr. Peter G. Rogge:

Herr Weber, Kommentar aus Ihrer Sicht?

Dr. Lukas D. Weber:

Ja. Und ich würde auch die These bejahen, dass einfache Produkte auf der Distributions- *und* auf der Produktionsseite das A und O sind. Das ist genau, was ich in meinem Referat präsentieren durfte:

In der Distribution könnte sich die Finanzindustrie durchaus an der Konsumgüterbranche ein Vorbild nehmen und vermehrt auf klare, einfache und verständliche Produkte setzen. Und ein schlankes Produktsortiment zahlt sich dann auch in der Produktion aus, wo das Volumen auf um so weniger Produkte verteilt wird.

Dr. Peter G. Rogge:

Meine Damen und Herren, die Ausgangsfrage unseres ganzen Symposiums heute war ja: Wer sind die Gewinner in diesem Spiel? Die Versicherungen oder die Banken? Ich will diese Ausgangsfrage nicht noch einmal als Schlussfrage wiederholen, obwohl es eigentlich nahegelegen hätte, jeden zu bitten zu sagen, wo er die Gewinner sieht. Ich möchte darauf deshalb verzichten, weil die Herren das eigentlich alle schon gesagt haben. Ihrer Meinung nach sind beide die Gewinner. Das wäre das erste Mal, dass ich eine Win-Win-Situation ausserhalb der Lehrbücher in der Praxis antreffen würde, und das wäre auch das erste Mal, dass Fusionen zwischen unterschiedlichen Unternehmen einen Mehrwert bieten, sowohl für die Kunden wie auch für die Shareholder. Wir wollen das alle wünschen, sonst hätten wir diesen Tag ja nicht sinnvoll eingesetzt. Statt dessen möchte ich jetzt die absolute Schlussrunde einläuten, denn in zwei Minuten ist die Sache hier zu Ende. Ich bitte Sie, für diese absolute Schlussrunde folgendes zu tun: Dass vielleicht jeder der Herren, die hier ein Finanzinstitut repräsentieren, versucht, in drei Sätzen noch einmal zu sagen, was eigentlich die Eigenart und die Unique Selling Proposition ihrer Institution ist. Gemessen an dem, was Sie von den anderen heute hier gehört haben. Eine Akzentuierung Ihrer Position. Sie sollen dabei nicht den anderen negativ kommentieren, sondern Sie sollen nur selber zur Darstellung bringen, wie Sie sich von den anderen unterscheiden. Das ist ja sicherlich eine Frage, die Sie sich selber auch sehr häufig stellen. Wie differenzieren Sie sich, Herr Angehrn?

Herr Peter Angehrn:

Wir verstehen uns als ein Anbieter von Versicherungs- und Banklösungen aus einer Hand, wobei der Kunde davon profitiert, dass er beliebig zwischen diesen beiden Lösungen wechseln kann und dass er vom spezifischen Know-how der Bank und der Versicherung profitiert. Als Wholesaler vertreiben wir unsere Produkte und Dienstleistungen sowohl unter unseren beiden Hauptbrands, Credit Suisse und Winterthur, sowie unter Drittbrands. Erlauben Sie mir einen Vergleich mit der Computerbranche. Bei jedem Pentium Computer heisst es immer „Intel inside" - unabhängig von der Marke, in der er auf den Markt kommt. Wir verstehen uns als „Intel inside" von guten Allfinanzlösungen.

Dr. Lukas D. Weber:

Ja gut, ich möchte jetzt nicht nach links und rechts schiessen, aber es ist schon so, dass die Zurich FS natürlich glaubt, unser Erfolgsfaktor ist, dass wir eben gerade nicht beides unter einem Dach haben, wie z.B. die Credit Suisse. Sondern dass wir einmal mehr im Sinne der „Open Architecture" sagen, wir bieten gerade auf der Bank- und Fondsseite ein neutrales Bild an und werden das vielleicht noch ein bisschen konsequenter tun als auch die UBS beispielsweise. Ich habe gerade kürzlich Statistiken über die UBS gesehen: Über die Hälfte Drittfonds im Angebot; aber 95 Prozent eigene Fonds verkauft, oder?

Herr Aleidus G. Bosman:

Wir gehen den Weg dieser beratungsgestützten „Open Architecture". Unsere Ausrichtung beinhaltet ein „Advisor-" und damit „Client Centric Model", also das Schwergewicht eigentlich auf dem Frontbereich und nicht primär auf dem Produktionsbereich. Und hier soll die Beratung in einer strukturierten Art und Weise erfolgen, denn da liegt der eigentliche Mehrwert, den wir für den Kunden sehen: Dass wir einen strukturierten Beratungsprozess haben - mit einer Analyse der Kundenbedürfnisse einerseits, und der Produktewelt andererseits - und gleichzeitig diese Produkteunabhängigkeit herstellen. Es ist klar, dass das ein neuer Ansatz ist. Keiner der Anwesenden hier kann von sich behaupten, dass er heute über eine echte Produkteunabhängigkeit verfügt. Alle haben eine andere Historie, und keiner hat es noch wirklich in der Breite umgesetzt. Aber wir sind daran, und wir haben die Systeme und Abläufe in Entwicklung. Die ersten wirklich unabhängigen Systeme werden noch dieses Jahr bei uns implementiert werden. In einem ersten Schritt werden sie im Ausland Anwendung finden, dann aber auch in der Schweiz. Das ist ein zentraler Punkt, und hier liegt ein zentraler Wandel. Der Beratungs- und Angebotsbereich ist unser Kerngeschäft. Einschliesslich Allfinanzprodukte, wo es Sinn macht. Ich könnte hier das Beispiel bringen: Wir haben das Glas Milch, wo wir es benötigen, aber auf die Kuh haben wir verzichtet.

Dr. Peter G. Rogge:

Danke vielmals. Herr Essing: Erkennen Sie aus deutscher Sicht Differenzierung in der Schweiz?

Herr Wolfgang Essing:

Ich bin bei keinem Finanzinstitut; das heisst, ich sitze hier als Repräsentant eines Beraters, der es sich letztendlich zum Ziel gemacht hat, das, was wir heute als das Banking, das Financial Service Thema der Zukunft definiert haben, nicht nur zu unterstützen dadurch, dass ich weiss, wie es in der Theorie geht, sondern es auch in der Praxis erfolgreich exerziert habe. Ich würde mich natürlich freuen, wenn ich Sie dabei unterstützen kann. Die Differenzierung werde ich Ihnen gerne im persönlichen Gespräch erklären.

Hauptthema Bankenwesen

Basler Bankenvereinigung (Herausgeberin)

Das Fondsgeschäft im Umbruch

Tagungsband zum 8. Basler Bankentag, 16. November 2000

«Basler Bankenstudien»
IX + 154 Seiten, 58 Abbildungen, gebunden,
CHF 48.– / € 29.90
ISBN 3-258-06357-5

Das Anlagefondsgeschäft boomt weltweit. In den USA werden inzwischen bereits mehr Fonds angeboten, als Aktien an den Börsen kotiert sind.
Wohin führt diese Entwicklung? Wie reagieren die Anleger auf die zunehmende Komplexität der Produkte? Und was bedeutet all dies für die Anlagfondsindustrie hinsichtlich Produktion und Distribution? – Auch am diesjährigen Basler Bankentag äusserten sich hochkarätige Fachleute aus Wissenschaft und Praxis zum Tagungsthema – ihre Beiträge liegen hier gesammelt vor.

Haupt   **Verlag Paul Haupt** Bern · Stuttgart · Wien
verlag@haupt.ch · www.haupt.ch

Hauptthema Bankenwesen

Basler Bankenvereinigung (Herausgeberin)

Rentabilisierung des Firmenkundengeschäfts

Tagungsband zum 7. Basler Bankentag, 18. November 1999

«Basler Bankenstudien»
X + 153 Seiten, 59 Abbildungen, gebunden
CHF 48.– / € 29.90
ISBN 3-258-06213-7

Das Firmenkundengeschäft der Banken wird seit Jahren oft defizitär betrieben. Ursachen hierfür sind eine fehlende Kostenrechnung, unzureichende Kreditkontrollen und eine generelle Volumensphilosophie. Kann nun dieser Geschäftszweig durch eine Senkung der Kosten und eine Steigerung der Erträge rentabel gestaltet werden? Oder stellt ein Marktaustritt die sinnvollere Alternative dar?
In diesem Buch werden die aktuellen wissenschaftlichen und praktischen Erkenntnisse zum Thema «Rentabilisierung des Firmenkundengeschäfts» umfassend und anschaulich dargestellt.

⁞ Haupt **Verlag Paul Haupt** Bern · Stuttgart · Wien
verlag@haupt.ch · www.haupt.ch